本书出版得到湖南省哲学社会科学规划课程——2018年度湖南省智库专项课题的资助

九州文库

# 湖湘文化与东亚

蔡美花 主编

九州出版社
JIUZHOUPRESS

图书在版编目（CIP）数据

湖湘文化与东亚 / 蔡美花主编 . -- 北京：九州出版社，2022.12
ISBN 978-7-5225-1455-0

Ⅰ.①湖… Ⅱ.①蔡… Ⅲ.①文化史—研究—湖南 ②地方文化—文化交流—文化史—湖南、东亚 Ⅳ.①K296.4 ②K310.03

中国版本图书馆 CIP 数据核字（2022）第 222536 号

## 湖湘文化与东亚

| 作　　者 | 蔡美花　主编 |
| --- | --- |
| 责任编辑 | 习　欣 |
| 出版发行 | 九州出版社 |
| 地　　址 | 北京市西城区阜外大街甲 35 号（100037） |
| 发行电话 | （010）68992190/3/5/6 |
| 网　　址 | www.jiuzhoupress.com |
| 印　　刷 | 唐山才智印刷有限公司 |
| 开　　本 | 710 毫米×1000 毫米　16 开 |
| 印　　张 | 15 |
| 字　　数 | 186 千字 |
| 版　　次 | 2023 年 5 月第 1 版 |
| 印　　次 | 2023 年 5 月第 1 次印刷 |
| 书　　号 | ISBN 978-7-5225-1455-0 |
| 定　　价 | 95.00 元 |

★ 版权所有　侵权必究 ★

# 前　言

　　文化是一个国家、一个民族的灵魂。文化兴国运兴，文化强民族强。在泱泱华夏，赫赫文明中，湖湘文化作为一种带有鲜明地域特色的、相对稳定且极具传承性的历史文化形态，在中国乃至东亚的传统文化与近现代文明中，具有举足轻重的地位与价值。湖湘文化有广义与狭义之分。广义的湖湘文化是指湖南省区范围内历史上所有的文化现象，既包括以氏族血缘为基础的部族文化，又包括以政区地缘为基础的地域文化。狭义的湖湘文化仅指统一的中华文化形成后的地缘区域文化，即和湖南省地区行政区相对应的文化区，是指唐宋以后所形成的湖南地区的地域性历史文化，本书中的湖湘文化即指此。

　　为了更好发扬湖湘文化精神，有力地呈示湖湘文化在东亚文化发展中的存在与影响，彰显东亚文化中的湖湘情结，探究湖湘文化与东亚关系十分必要。本书基于此，围绕湖湘文化在东亚的传播及湖湘文化如何走出去等问题展开了研究，主要内容有：

## 一、湖湘自然风物在东亚文坛的普及度与影响力

　　以"潇湘八景"为代表的湖湘自然风光和人文景观早在宋元之际就风靡海外，频频出现在朝、日文人笔下，即"潇湘八景之胜擅名海

内，古今诗人赋咏不胜其多""洞庭、巴陵天下壮观，骚人墨客题咏者多"。东亚文人对湖湘自然风物的诗意书写呈现出一种情感嫁接与文化转译。如朝、日文人借助中国的"潇湘"诉说着乡愁思念，借衡山寓其贬谪失落与羁旅孤苦之情，"潇湘"等自然风物作为湖湘文化的某一种"隐喻"被赋予了相对稳定的意旨。但日本文人也会将潇湘八景淡泊、平远、空灵之意融入"和"文化，在诗画中丰富其抒情创意空间。朝鲜文人笔下的岳阳楼常与君山一同出现，构成"君山—洞庭湖—岳阳楼"即"一山一水一楼"的集群意象。这些"嫁接"与"转译"中凝聚着东方特色的审美联想与哲学思辨。本书中《潇湘八景诗画在日本的流播与影响研究》《朝鲜古代诗话的湖湘文化情结》《朝鲜王朝古地图中的湖南与朝鲜人的湖南意象》重点论述了相关内容。

## 二、东亚文化圈对湖湘文化精神特质的认同

湖湘文化精神自古至今经由数代人积淀、传承与发扬，形成以"经世致用""躬行实践""实事求是""百折不挠""兼收并蓄""敢为人先"为主要特质的湖湘文化精神。从先秦两汉的屈原、贾谊到宋柳宗元、范仲淹再到明末清初王夫之为代表的忧国忧民的家国情怀、不屈不挠的奋进精神已深入东亚人心，尤其是以湖湘理学为思想支点的儒学精神，伴随着数代湖湘理学大师的理论阐发和传播已在东亚人心中凝聚成一种永恒的情结。朱子理学传入古代朝鲜后发展为官方思想，退溪学派在接受湖湘学派理学思想的基础上又进行了本土化的阐释，使"理学相传之统，源流长矣"的岳麓书院成为古代东亚书院的典范，它们共同承袭穷经史、尚思辨的湖湘儒学传统，发扬弘理学、尚道德的湖湘儒学精神，使湖湘儒学在东亚儒学的建构与发展中产生了更大的共鸣效

应。近现代的革命者如谭嗣同、黄兴、毛泽东、刘少奇等人在继承前人爱国、勇于变革的基础上,将经世致用、敢为天下先、自强不息、和为贵的湖湘文化精神传播于世界。尤其是黄兴与西乡隆盛,毛泽东与宫崎滔天的交往,更将湖湘文化的正能量传递给东亚各国人民,使东亚人民认同并接纳湖湘文化的精神特质。此方面内容,本书中《南宋湖湘学派张栻与退溪学派郑逑》《朝鲜古代诗话的湖湘文化情结》《湖南人潘相与中琉文化交流》进行了深入阐释。

## 三、"湖湘文化与东亚文化发展"的文献价值

湖湘文化借由不同传播路径,以不同方式,源源不断地传入朝鲜半岛和日本,无论古代典籍还是现代文献都可作为湖湘文化"走出去"的实证。湖湘文化在东亚文化发展中的存在与影响,可在相关国家的原始材料中找寻历史依据,如从诗话文集中、文人交往留下来的史料中、各国变化的地图中、挖掘的文物中看湖湘文化在东亚各国文化交流中的作用。也可从民间交往、经济界、现代传媒中观湖湘文化在东亚流播的现状,佐证东亚各国对湖湘文化的接受及认知。本书中陈小法、蔡美花、康上贤淑、俞敏浩等学者依据文献,从文学、历史、哲学、社会文化等不同层面探究了湖湘文化在东亚文化发展中的影响。

## 四、湖湘文化"走出去"的有效策略

习近平总书记在论述中国传统文化和当代核心价值观时,指出要把"跨越时空、超越国度、富有永恒魅力、具有当代价值的文化精神弘扬起来,把继承传统优秀文化又弘扬时代精神、立足本国又面向世

界的当代中国文化创新成果传播出去"。这就从根本上奠定了中华文化"走出去"的战略基调与必要性。要"走出去"的文化应该是源远流长的中华文化，而承载这种文化的主体应该是中华大地上生生不息的区域性文化。

从某种意义上讲，中国文化"走出去"就是中国各个地方的文化如何走向世界的问题。因此，如何利用多元的传播方式，有效地把最优秀的湖湘文化呈示出来，扩大湖湘文化世界影响力，是湖湘文化"走出去"亟待解决的问题。本书中《湖湘文化在东北亚流播的现状及需求——湖湘文化在日本鹿儿岛的影响》《当代日本人对湖南的认识》《湖湘文化"走出去"战略实施的可行性研究》《关于湖湘文化及其对外传播的思考》《翻译传播学视域下湖湘文化"走出去"策略体系建构》等文，在分析湖湘文化在东亚各国的流播现状基础上，从不同角度探索了湖湘文化"走出去"的可行性策略。大略有：既要看到湖湘文化在东亚传播的效果，又要正视当下湖湘文化"走出去"所处的困境。在此基础上，要在国家顶层设计和统筹协调下，地方政府或企业等利用地缘优势，扩大湖南与韩国等东亚国家文化交往路径，打造"空中丝绸之路"；从受众的文化情感中寻找契合点，抓住湖湘文化的优势，擢拔有湖湘传统特色的书院文化、饮食文化、湘绣艺术及有现代特色的网红长沙等，通过政府宣传、文化交流、企业传播、新兴媒体等多元传播渠道和合理包装，向域外人民展现一个立体化、多彩化的文化湖湘。这些策略为其他省份地方文化的发展提供可资借鉴的参考思路，共同打造中国文化软实力，提升中国文化的国际影响力。

综之，湖湘文化因其历史悠久、内涵丰富、特色鲜明，在东亚文化圈极具影响力。但湖湘文化有效地"走出去"任重道远，对"湖湘文化与东亚"的探赜也仍需方法多元、视域开阔，本书为"抛砖引玉"，希望引起更多同仁积极关注湖湘文化。相信在社会各界的共同努力下，湖湘文化定能以最美的姿态绽放在东亚文化圈，绽放在世界文化的大舞台上。

蔡美花

2022 年 5 月于长沙

# 目 录
## CONTENTS

**湖湘文化与日本（琉球）** ⋯⋯⋯⋯⋯⋯⋯⋯⋯⋯⋯⋯⋯⋯⋯⋯ 1
潇湘八景诗画在日本的流播与影响研究 ⋯⋯⋯（冉　毅） 3
湖南人潘相与中琉文化交流 ⋯⋯⋯⋯⋯⋯⋯⋯（陈小法） 22
湖湘文化在东北亚流播的现状及需求
　　——湖湘文化在日本鹿儿岛的影响 ⋯⋯⋯（康上贤淑） 54
当代日本人对湖南的认识 ⋯⋯⋯⋯⋯⋯⋯⋯⋯（俞敏浩） 68

**湖湘文化与古代朝鲜半岛及韩国** ⋯⋯⋯⋯⋯⋯⋯⋯⋯⋯⋯ 85
朝鲜古代诗话的湖湘文化情结 ⋯⋯⋯⋯⋯⋯⋯（蔡美花） 87
湖南简帛与古典学的新可能性探索
　　——以湖南长沙马王堆汉墓帛书为中心 ⋯⋯（金庆浩） 113
南宋湖湘学派张栻与退溪学派郑逑 ⋯⋯⋯⋯⋯（李昤昊） 131
朝鲜王朝古地图中的湖南与朝鲜人的湖南意象 ⋯⋯（黄普基） 151

## 湖湘文化"走出去"策略 ………………………………… 173

30年代抗日运动战线的统一以及金九在长沙的抗日复国斗争
………………………………………………（李基勋） 175

湖南长沙与韩国独立运动 ………………………（赵光范） 184

湖湘文化"走出去"战略实施的可行性研究 ………（许明哲） 191

关于湖湘文化及其对外传播的思考 ………（肖华锋　卢　婷） 203

翻译传播学视域下湖湘文化"走出去"策略体系建构
………………………………………（余承法　万光荣） 214

# 湖湘文化与日本（琉球）

# 潇湘八景诗画在日本的流播与影响研究

冉 毅[*]

潇湘八景诗画是中国传统文化的精髓瑰宝，在中日禅宗文化交流中，约于13世纪传去日本，应景自然山水，融入"和"文化，衍生出多样式的潇湘八景杰作，六个世纪，历久弥新，不胜枚举的八景文化现象和史实，令今人有契机拾回文化记忆。拙稿旨在通过史实实例比较中日八景诗的意象，意境、意蕴，重新认识其融通中外文化的学术价值。为本土文化经验的世界性意义，寻求可资镜鉴的经典范例，以丰富软实力信息库，无疑有重要的学术意义。

## 一、八景图缘起

潇湘八景，缘起文化底蕴深邃厚重的潇湘。最早的八景图，是北宋文人宋迪1063—1664年受命朝廷任荆湖转运判官时，洞庭行舟潇湘览胜，亲睹风景美不胜收，感怀之至，运笔画成。湖南永州淡岩宋迪题名的摩崖石刻为证：

---

[*] 作者简介：冉毅，湖南师范大学，研究方向为日本文学与文化。
本文为湖南省社科课题，"潇湘古典文学诗画流播东瀛的影响研究"题号：20JD045。

**图1 宋迪潇水上游淡岩题名（北京大学金石文库藏）**

嘉祐八年春，宋迪访永州淡岩。金石家瞿中溶（1769—1842）[1]"古泉山馆金石文编残稿"："永州淡山岩宋迪题名"。《湖南通志》引金石审：宋迪题名字甚小，工书，笔法似钟绍京。题名：嘉祐八年（1063）三月初八日转运判官尚书都官员外郎宋迪游（右下北京大学京师藏印  右上嘉定瞿木夫藏印  左下东武刘喜海藏印）。同刻黄山谷《题永州淡岩》诗"永州淡岩天下稀"。《大清一统志》第八册"永州府图"之"淡岩"：在零陵县南二十五里，唐张颢记盘伏两江之间，周廻两里中有岩，实可容万夫，昔有淡姓者家焉因名。宋王淮记，山有二门壁立万仞，东南角有一石，窈遥瞩云日。方舆胜揽中有淡山寺楼殿屋室隐隙罅中。虽风雨不能及，四顾石壁削成，旁有石窈，古今莫测，其远近易三接。山水记淡山岩宋黄山谷始题识之。今洞中一石载山谷诗与书。县志去淡岩三里，有暗岩，秉烛而入其中广袤可容万人。[2]

---

[1] 中华书局编：《丛书集成初编》，北京：中华书局，（无年代记录），第407页。
[2] 永瑢：《钦定四库全书本》，第八册"史部·地理类"，北京：中华书局（乾隆三八至四六修编本），第10714页。

嘉祐八年即 1063 年，当时去淡岩必经湘潇二水。多种说法，认为"潇湘八景图"是宋迪离开潇湘后绘成，笔者依据以上摩崖石刻，认为，宋迪"八景图在潇湘画成"有合理性。文献记录印证嘉祐年间（1056—1063）宋迪滞湘，治平二年（1065）已经离湘，被知山东莱州。

笔者认为宋迪在潇湘绘成八景图的旁证例是，赵汝鐩游潇湘作《八景歌》[①]。赵汝鐩是用文字记下自己目睹过宋迪八景图者。

### 八景歌并序

度支宋迪工画，尤喜为平远山水，其得意者，有平沙雁落、远浦归帆、山市晴岚、江天暮雪、洞庭秋月、潇湘夜雨、烟寺晚钟、渔村落照，谓之八景。余昔曾见图本。及来湖湘，游目骋怀，尽得真趣，遂作《八景歌》。

嗷嗷哀鸣肃肃羽，魂清意爽爱湘楚。
西风作恶阵脚散，斜行千点下烟浦。
飞力已困日且晡，便欲就宿依寒芦。
大者居中围以奴，叮咛缓急相惊呼。
嗟此何景兮平沙雁落。丹青欲尽未易著。

晚日放晴雨脚收，楚山千里江吞秋。
上水风生荻花渚，漠漠幅蒲天际浮。

---

[①] 赵汝鐩（1172—1246，宋太宗八世孙）。宁宗嘉泰二年（1202）进士。理宗绍定二年（1229）知郴州。四年，为荆湖南路提点刑狱（明万历《郴州志》卷二）后改转运使。

轻云骤掩目力断,云消似过芳洲半。
危樯逐鸟唯恐缓,燕子争飞先到岸。
嗟此何景兮远浦归帆,丹青欲尽殊堪嗤。

朝氛吞吐影模糊,嫩日隐见光卷舒。
湘峦滴翠石径滑,远近憧憧人乘虚。
天风作意扶霁色,嘘拂昏翳半明灭。
槿篱仿佛橘林隔,一竿斜插酒旗揭。
嗟此何景兮山市晴岚。丹青欲尽良独难。

云拥黄昏朔风急,长空杳杳水拍拍。
六花舞白遍三湘,失却寒峰翠千尺。
片琼屑玉响群林,芦丛萧瑟声更清。
冻月开奁俄吐晴,银宫一色上下明。
嗟此何景兮江天暮雪。丹青欲尽不可得。

西颢沉砀露华白,河汉浩浩浴素魄。
平湖万顷摇银光,只留君山一点碧。
帝子扬灵驾飞龙,鼓瑟来游水精宫。
声彻桂娥亦敛容,叶下北渚蝎蝎风。
嗟此何景兮洞庭秋月。丹青欲尽那免拙。

楚天浓云如墨泼,通宵滂沱翻江阔。
寒声遍撼蒹葭林,要将秋容洗到骨。
杜若洲有鸿雁栖,震凌喧梦时惊疑。

钓翁醉睡却不知，桩脱缆断船偷移。
嗟此何景兮潇湘夜雨。丹青欲尽浪自苦。

西岭骤暗销残晖，芷岸兰汀堆夕霏。
数声撞空九天半，知有招提隐翠微。
风助余音响崖谷，萧萧暝港孤舟宿。
禅关栖鸟争寒木，归僧疾步穿山麓。
嗟此何景兮烟寺晚钟。丹青欲尽焉能穷。

积雨初过湘水满，夕阳荡金接天远。
影挂寒罾江步斜，红残茅檐沙巷晚。
小艇泽畔收钓缗，鼓枻沧浪歌濯缨。
醉眼西望送沉沦，系缆篱根穿锦鳞。
嗟此何景兮渔村夕照。丹青欲尽无由妙。①

另一佐证材料是南宋卫樵摩崖题诗，② 表明潇湘真景"应胜从来八景图"句。请看摩崖石刻：

---

① 傅璇宗，等，编：全宋诗，北京：北京大学出版社，1992 年版，55（2865）：34210-11.
② 字山甫，昆山（今属江苏）人。泾次子。曾第进士。理宗绍定五年（1232）知永州县令（清光绪《零陵县志》卷一四）。官终知信州。事见《淳祐玉峰志》卷中。

7

**图2 南宋永州知州卫樵淡岩题诗**

绍定六年（1233）在宋迪曾游的淡山岩留下"淡岩"题诗两首。

其一
嵌岩洞谷到曾多，
无奈冥搜暗索何。
此处云穿风月透，
短筇浑不待扪萝。

其二
惭愧州家一事无，
薄游还爱小蓬壶。
若凭妙笔丹青写，
应胜从来八景图。

"潇湘八景"词首用诗例。欧阳圭斋（1272—1357）《八景台》诗：

山几层兮水几重，晴岚夕照有归鸿。
潇湘八景丹青画，尽在高台指顾中。

"晴岚、夕照、归鸿"意涵八景意象。《长沙府志》有"城西高台"记载。江流清澈，水陆洲十里，春盛时，柳梢新翠，麓山微岚。洲北江神庙，水与堤平，鱼鸟飞沉，两侧树参天，趺坐古根，茗饮以不酒，浪纹树影以为侑，观芽黄柳花忘返。岳麓在几席，朝夕设色，几近误游。

宋迪的八景图没有存下来，只在《梦溪笔谈》里有文字记载。那么，谁画的八景图存下来了呢？南宋的王洪、牧溪、玉涧，画的八景图有幸存下来了，[①] 请看原图印件：

**图3　渔村夕照图　牧溪笔（十四世纪）国宝　根津美术馆藏**

《牧溪·玉涧》水墨美术大系第三卷　卢田祯佑编　东京：讲谈社1978。

**图4　远浦归帆图　牧溪笔（十四世纪）重要文化财产　日野原　宣藏**

《牧溪·玉涧》水墨美术大系第三卷　卢田祯佑编　东京：讲谈社1978，第17页。

---

① 南宋书画家王洪绘八景图，藏美国普利斯顿大学美术馆，在此不赘。

另四幅，篇幅限略。

这些印件图的藏家都在日本，那么，是怎么传去的呢？据日本学者高木文1926年考证28种史料得知，① 牧溪画八景图，是日本禅僧圆尔办圆，1235年来大宋求法，与牧溪同门，在杭州径山万寿寺住持无准师范足下修禅，1241年归国时，牧溪赠给他多幅水墨图带回去的。师徒系谱见页底脚注。②

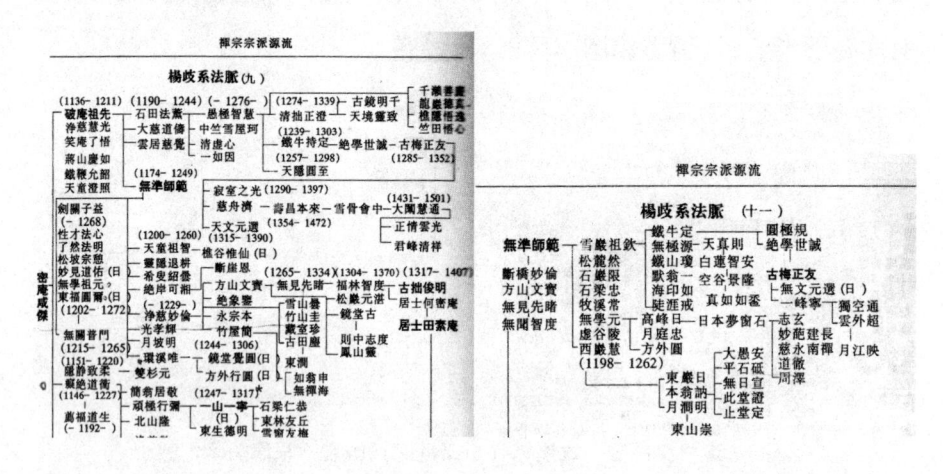

**图5 禅宗杨歧派无准师范师徒系谱（部分）**

最早的八景诗，是1099年北宋诗僧惠洪的《潇湘八景图》题咏。③ 日本高僧惟肖得岩的"平沙落雁图叙"记有："尤以僧史寂音觉范惠洪

---

① 高木文：《牧溪·玉涧潇湘八景絵及びその伝来研究》，東京：好日書院，（初稿1926年聚方閣刊）1935，第13—14页。
② 吴立民、徐孙铭副主编：《禅宗宗派源流》，北京：中国社会科学出版社，第1998页。
③ 周裕锴：《宋僧惠洪行履著述编年总案》第二卷，北京：高等教育出版社，2010年版，第45—46页：惠洪（1071—1128）北宋元符二（1099）年题咏《潇湘八景图》。

*10*

及宋迪作品为最胜",① 由此得知，日本禅僧在南宋中晚期已经读到惠洪的宋迪八景图题诗。

## 二、大休正念与铁庵道生的八景诗

潇湘八景，有图、有题画诗、有组诗、有歌也有词，是我国优秀传统文化的瑰宝，也是潇湘文学的经典。传去日本产生广泛影响的契机，有史实鉴证吗？有。

例1）1269年，禅宗杨歧派禅僧大休正念赴日弘法，② 任镰仓净智寺第二代住持，大休最早在日本写下"潇湘八景诗"，收入《念大休语录》③，抄如下。

**山市晴岚**

　　山市晴岚晓半开，渔樵肩负四方来。
　　东头卖了西头买，歌唱相随戴月回。

**远浦归帆**

　　皋亭眺望临江渚，远浦回帆疾似飞。
　　满载顺风人到岸，大家洗脚上舡归。

---

① 朝倉尚：《禅宗の文学——中国文学受容の樣相》，大阪：中世文芸、清文堂，1969（昭和四四）年版，第3页。惟肖得岩（号双桂叟，1360—1437）。"'平沙落雁诗叙'载《东海璚华集》，收于《五山文学新集》第796页"，此转引自周裕锴：《典范与传统：惠洪与中日禅林的'潇湘八景'书写》第6页。
② 吴立民，徐孙铭主编：《禅宗宗派源流》，北京：中国社会科学出版社，1998年版，第670页。
③ 朝倉尚：《禅宗の文学——中国文学受容の樣相》，大阪：中世文芸、清文堂，1969（昭和四四）年版，第8页。

### 平沙落雁

秋高云静江天阔，雁阵惊寒八字斜。

倦羽知归日欲暮，排风嘹唳落平沙。

### 烟寺晚钟

翠岳回环藏古寺，烟林密密绝嚣尘。

钟声透青云霄外，唤醒昏昏睡梦人。

### 渔村夕照

簇簇江村春树密，夕阳西照水流东。

渔舟两两歌归棹，欸乃一声烟霭中。

### 潇湘夜雨

孤舟夜泊潇湘岸，静听潇潇雨打蓬。

却忆寒岩岩下寺，微风瑟瑟撼幽松。

### 洞庭秋月

洞庭波面连天碧，秋月婵娟迥不同。

好似临台开宝镜，清光直透水晶宫。

### 江天暮雪

暮天四望彤如云，六出琼花缭乱飞。

满目江山浑似画，渔翁披得玉蓑归。

　　大休的八景诗与《梦溪笔谈》里列出的八景排序不同，有春夏秋冬之序，吻合了日本人崇尚自然季节的文化习惯，成为后来日本八景诗画的排序范式。大休的组诗中：

《晴岚》诗句"东头买了西头买，歌唱相随戴月回"

《归帆》诗句"满载顺风人到岸，大家洗脚上舡归"

《夕照》诗句"渔舟两两歌归棹,欸乃一声烟霭中"

近景,跃然流动,显然大休同在景中。"山市熙攘、帆归人悦、丰收欢喜",透出日本人满足寻常生活的轻快基调,淡化了"潇湘清怨、九嶷悲怆、苍梧云愁"的意韵。

"欸乃",摇橹声。典故出自元结的《欸乃曲》"谁能听欸乃,欸乃感人情。"柳宗元的《渔翁》诗"烟消日出不见人,欸乃一声山水绿。"

《秋月》诗句"好似临台开宝镜",隐喻"鉴物如水"禅意透彻,表达了修禅矢志弘法的执念。

《夜雨》诗,大休遥在东瀛,不由回忆起故乡的"寒岩、幽松",余韵不尽。诗句"孤舟夜泊潇湘岸,静听潇潇雨打蓬",雨飘空蒙,引读者思入寂寥。大休的八景诗,传播出浓厚的潇湘风情,开启了潇湘八景融入"和"文化的诗风,成为后来日本禅僧赋八景诗的效仿经典。

日本第一个实地的"博多八景",是九州福冈圣福寺住持铁庵道生(1262—1331,大休正念的高弟)拟博多湾为洞庭湖,约于 1319 年选定并赋诗:

### 香椎暮雪
绾螺自白乌边断,天地都无一寸青。
归棹只随夕阳去,载家何处扣吟扃。

### 长桥春潮
饥虹偃傍春霏饮,人踏饥虹饮处行。
湍雪浑涛伍员恨,不知何日得澄清。

### 荘滨泛月
地角天涯行遍了,又于西海尽头游。

桂枝露滴望东眼，蜃气薄时看白鸥。

### 志贺独钓

未羡韩彭兴汉室，岂谋利禄废清游。

扁舟一叶沧波上，载得乾坤不尽秋。

### 浦山秋晚

三十年前贪胜概，几回飞梦落烟峦。

而今老倒看图尽，两鬓秋吹霜后山。

### 一埼松行

山奔海口逐奔鲸，激起秋涛月夜声。

欲问巢云孤鹤梦，霜苓千载石根清。

### 野古归帆

晚楼极目水天宽，云影收边山影寒。

杳杳遥疑泛凫雁，梨花一曲过渔滩。

日本禅僧虔敬模仿中国禅师赋八景诗：

大休正念（中国）：

### 山市晴岚

山市晴岚晓半开，渔樵肩负四方来。

东头卖了西头买，歌唱相随戴月回。

铁庵道生（日本）：

### 箱崎蚕市

行尽松阴沙觜路，路头尽处到江湄。

东边卖了西边买，落日晚风吹酒旗。

潇湘八景远播域外，始终矜持着潇湘本源文化意念。铁庵师从大休，谦卑习修中国优秀文化，模仿师傅赋诗。潜心修法勤奋好学。值得我们学习！

例2）1299年，一山一宁禅师，作为元朝使者赴日弘法，在日本现存最早的水墨八景图上题诗。① 中国禅僧一山的诗注释画，日本禅僧思堪的画曲尽禅意，天衣妙合。一山大师在东瀛，亲手播撒潇湘八景的文化种子，花蕊绽放，历久弥新，"何以香如许，有源活水来"。请看原图印件。

柴塞寒应早，南来傍素秋。
飞飞沙渚上，岂止稻粱谋。
平沙落雁一山书（印）

一山大师晚年，受命宫廷，任后宇多天皇帝师，直至1317年10月圆寂。龟山上皇敕旨，帝师灵塔，建南禅寺皇家陵园驹泷本堂。请看照片。

### 三、京都皇家的八景诗画

潇湘八景，传去日本，在与"和"文化碰撞融合中，以底蕴文化深邃，华蕊芳香经久不衰，定格为艺术极品，备受紫金贵族的激赏仰视，史实鉴证。

---

① 朝倉尚：《禅林の文学》，昭和六十年（1985）年版，大阪：清文堂，第4页。

**图 6 思堪绘《平沙落雁图》一山一宁题诗**

日本现存最早水墨八景图。纸本，法量 30.3×57.5cm

松下隆章编《日本美术 水墨画》"注释"，东京：至文堂。京都国立博物馆藏。

**图7 京都南禅寺最胜院御宇多天皇帝师一山一宁灵塔（笔者摄 2014.11.26）**

大宋国渡来僧当山第三世住持　一山一宁禅师后宇多天皇帝师（1237）十月寂。

例3）京都御所（即皇宫）的"御学问所"设有八景厅，饰障壁画"洞庭秋月"（现存）。① 八景厅设立契机，正是潇湘八景传去日本所使然。1408年3月，室町幕府第三代将军足利义满，隆重恭迎后小松天皇行幸北山殿（现金阁寺），献给天皇的唐物瑰宝中有八景图。② 宫中的和歌会、太傅侍讲、欢迎贵宾的文化活动，都在八景厅进行，昭示着八景厅是当时京都皇宫里的文化中心，太子蒙学，亦沐浴在八景文化氛围中。（见图8-9）

例4）京都皇家离宫修学院，是后水尾上皇1656—1659年营造的。竣工后，上皇仰慕潇湘八景之风雅，敕旨选定"修学院八景"，以彰显皇家开放性接受先进文化。京都的名寺长老、宫廷重臣、亲王，受命为《修学院八景》赋诗吟和歌，后水尾上皇钦定后，收入《扶桑名胜诗集》第一章，1660年问世后，多次再版。

---

① 菊葉文化協会：《御所離宮》，京都：每日映画社，2004年版。
② 《金阁寺》，京都：淡交社，2008年版，第104页。

图 8　京都御所皇宫御学问所内八景厅

图 9　京都御所皇宫御学问所内八景厅障壁画《洞庭秋月图》

修学院八景，应和当地自然风景，洞庭潇湘由修学院山麓田园替换，生成为日本的八景，折射出潇湘八景具有高度的文化融通性。

表　京都皇家离宫修学院八景赋诗吟歌作者

| 修学院八景名 | 修学院八景赋诗长老（万治二年<1659>） | 修学院八景和歌吟者 |
| --- | --- | --- |
| 修学晚钟 | 竺隐崇五（南禅寺278世主持） | 尧然法亲王（后阳成天皇第六皇子）秒法院 |

续表

| 修学院八景名 | 修学院八景赋诗长老（万治二年<1659>） | 修学院八景和歌吟者 |
|---|---|---|
| 茅檐秋月 | 规伯玄芳（南禅寺） | 乌丸资庆卿（宰相） |
| 松崎夕照 | 补仲等修（天龙寺200世主持） | 飞鸟井雅章卿（前宰相） |
| 邻云夜雨 | 贤溪昌伦（天龙寺200世主持） | 中院通茂卿（副宰相） |
| 村路晴岚 | 林凤章（相国寺95世主持） | 八条智忠亲王（智仁亲王第一皇子） |
| 平田落雁 | 雪岑梵崟（相国寺） | 岩仓具起卿（前副宰相） |
| 远岫归樵 | 九岩中达（建仁寺300世主持） | 道晃法亲王（后阳成第十三皇子）照高院 |
| 睿峰暮雪 | 茂源绍柏（建仁寺330世主持） | 白川雅乔卿（非参议神祉伯） |

其中，"远浦归帆"转为"远岫归樵"，"归樵"取代"归帆"。

"平沙落雁"转为"平田落雁"，"田园"取代"平沙"。

"渔村夕照"转为"松崎夕照"，"松崎"山地，取代"渔村"。"松崎"和歌胜景（枕词），极具"和"文化意涵。

这里赏析南禅寺高僧竺隐大师的《修学晚钟》诗一首。[①]

修学招提境转幽　暮钟殷殷万机休。
宸游谁识发清兴，数杵声中月半钩。

诗中直言，室町时期，中国禅宗对日本的精神思想深度影响，离宫造寺供奉菩萨，用以皇家礼佛。京都五山高僧信仰禅宗，内敛冥思万机休。修学院风物凝入一个"幽"字，"半钩月"光被四表的静谧，由静见深，平和如镜。审美主体，表里澄清，运气丹田，透见天宇空灵。

---

① 吉田元俊编：《扶桑名胜诗集》无出版项，1668、1680（延宝八）再版。据堀川贵司专著所列文献，从京都大学图书馆古文献部查得。"修学晚钟"载第2页，2005。

"潇湘八景图"始于宋代文人士大夫的清兴，化为禅僧因象悟道，疏沦而心，性灵感知，随殷殷晚钟，禅意幽深邈远。

潇湘八景诗画在禅机中导入"和"文化深层，培养了日本中世紫金贵族、幕府权贵空灵致远的审美意趣，一个时代的文化品位获得最高提升。

## 四、潇湘八景诗画对日本的深远影响

1962年10月，日本根津美术馆举办了《潇湘八景图汇展》。馆长致辞，说：

> 潇湘八景，对吾邦画坛影响巨大。13世纪，室町水墨画家，忘我地竞绘八景图，至18世纪江户时代守野派，画艺精湛练达，在与牧溪和玉涧的真迹比较研究中，如何求变之，绘成的八景图，堪称瑰宝。今天，奢望与梦想实现，凤愿以偿，此宝与我国现存牧溪的大轴4幅、小轴1幅、玉涧的3幅荟萃同展。各位名士得以同堂欣赏源自中国的潇湘八景图。这于我邦水墨画艺的提升，意义不可估量。恭贺汇展！幸甚！幸甚！

日本文人高评潇湘八景，赞誉水墨八景图对日本影响巨大，"丹青手忘我地竞绘八景图，与牧溪、玉涧的八景图真迹的比较中求变之"，以达精湛的进取精神，实实值得我们学习。

## 五、结语

潇湘八景图，淡泊、平远、空灵，契合了日本人寻觅幽玄、空寂、邈远的审美价值，融入"和"文化，在赋诗、绘画乃至工艺品的表述呈现中，获得了广阔的抒情创意空间，却依然保持着潇湘文化的本源特质。日本禅僧、丹青手、师匠，接受八景图画艺、画理，延至画外的自然遥思，催生出同主题的八景图100多幅，八景诗300多首、八景工艺多种多样，从14世纪延绵至今，选出实地八景963处。① 实堪称世界文学艺术史上的奇迹，跨文化交流的成功典范。

昔日"一带海路"，潇湘文学以八景诗画为载体远播日本，乃至传去美国、法国。而今，通过比较互鉴，擢拔优秀传统文化，承先人睿智，更自信地"传播好中国声音，让世界认识一个立体多彩的中国"，无疑有重要的现实意义和未来意义。

---

① 日本国立环境研究所报告第197号《八景的分布和近期的研究动向》（2007）；青木阳二、榊原映子编：《八景の分布と最近の研究动向》，東京：国立環境研究所，2007年版，第14页。

# 湖南人潘相与中琉文化交流

陈小法[*]

## 一、序言：受命出任琉球官生教习

乾隆二十一年（1756）六月初十日，翰林院侍读全魁、编修周煌充正副使，往封琉球国世子尚穆为王。使团于七月初八日抵达琉球本岛那霸港，八月二十一日行礼册封尚穆为"琉球国中山王"。翌年正月三十日，册封使团返航，二月十三日抵达福建五虎门，朝命遂宣告完成。

在全魁、周煌一行回国之前，按照惯例琉球新王要到使臣下榻的"天使馆"举行宴送，觥筹交错之际，国王尚穆向册封使提出了一个请求：

> 海隅下国，叠被皇上宸翰荣褒，纶音宠锡。但僻处弹丸，荒陋成俗。向学有心，执经无地。先于康熙二十二年，经恳前使汪楫等代请陪臣子弟四人入学读书，奉部议准，遣官生阮维新等入学在案。嗣于五十九年，恳前使海宝等援例代奏，复蒙许遣。今幸天遣

---

[*] 作者简介：陈小法，湖南师范大学，研究方向为东亚历史文化。

使臣至国，敢祈陈明远人向化之诚，俾得再遣入学读书，下国不胜悚企。①

尚穆援引康熙朝两次派遣官生入学之例，恳请再次延续此一政策，以显皇恩浩大。当然，不可否认的是琉球屡遣官生入监学习，自有其政治和经济方面的诉求。② 同时，清朝接受琉球官生，也有自己的政治考量。③ 于是，在归国后两月余的乾隆二十二年（1757）四月二十一日，全魁、周煌将琉球的请求上奏了朝廷。即日，乾隆帝就下旨曰"该部议奏。钦此"。④ 二十三日，全魁、周煌的奏折下达礼部，待遵旨议事。

五月初一日，礼部将商议的结果呈报乾隆帝：

乾隆二十二年四月二十三日，内阁抄出翰林院侍讲全魁、编修周煌奏前事等因，具奏到部。查康熙二十三年册封使臣翰林院检讨汪楫等、五十九年使臣翰林院检讨海宝等事竣回京，具奏称该国王恳求转奏令陪臣子弟入监读书。经臣部覆准具奏，奉旨："依议。钦此。"随据该国王前后遣令官生到京，臣部并劄国子监读书三年，遣令归国各在案。今翰林院侍讲全魁等既称该国王尚穆向化输诚，恳请许陪臣子弟入监读书。应如所请，准其于应贡之年遣令来京，臣部劄行国子监肄业。俟命下之日，行文福建巡抚转行该国王遵照可也。⑤

---

① 潘相：《琉球入学闻见录》，香港：文海出版社，1973年版，第258—260页。
② 许可：《琉球对华派遣留学生的政治动因与作用探析》，《东南学术》2017年第5期。
③ 周朝晖：《琉球官生与国子监的湖南教习》，《书屋》2018年第5期。
④ 潘相：《琉球入学闻见录》，第258—260页。
⑤ 潘相：《琉球入学闻见录》，第262页。

礼部认为，鉴于康熙二十三年（1684）、五十九年（1720）琉球两次遣陪臣子弟入监读书之事，皆记录在册，有例可循。加之琉球国王尚穆"向化输诚"，态度殷恳，所以"应如所请，准其于应贡之年遣令来京"。并建议得到朝廷恩准之后，可行文福建巡抚将意见转告琉球国王，依旨遵照执行。当日，乾隆帝就下了"依议。钦此"的批复。

乾隆二十三年（1758）正月初一日，在琉球贡船回国之际，准福建等处承宣布政使司就将朝议托其带回，令国王遵诏施行。

乾隆二十三年十月十一日，琉球国中山王尚穆谨奏：

> 臣穆蚁垤藩封，蜗居荒服，恭逢天朝文教广敷，德泽远施。今蒙隆恩俞允，俾陪臣子弟得入学执经，俯聆圣训，不特臣穆感戴无穷，举国人民亦欢跃忭舞矣。谨遣官生梁允治、郑孝德、蔡世昌、金型四人同贡使毛世俊等赴京，入监读书。外肃贡土产围屏纸三千张、细嫩蕉布五十疋，少布涓滴微忱。为此合具奏明，伏祈皇上睿监，敕部施行。臣穆无任战栗惶恐之至。谨具奏以闻。[①]

得到清廷同意派遣官生入学的消息，国王尚穆"感戴无穷"，琉球"举国人民亦欢跃忭舞"，可见，派遣官生实乃琉球一大国事。最后，遴选梁允治、郑孝德、蔡世昌、金型四位官生同贡使毛世俊等赴京，入监读书。为了谢恩，额外加贡土产围屏纸三千张、细嫩蕉布五十疋。

乾隆二十五年（1760）正月初十，琉球国陪臣子弟梁允治、郑孝德、蔡世昌、金型四人到监读书。从动议入监读书的乾隆二十二年正月到四位官生正式报到入学的乾隆二十五年正月，整整用了三年的时间。

---

① 潘相：《琉球入学闻见录》，第262—263页。

接着就是朝廷组建师资的问题了。乾隆二十五年正月二十三日,国子监臣观保、全魁、陆宗楷、博卿额、吉泰、卢毅联合上奏:

> 乾隆二十五年正月初十日,礼部劄送到琉球国陪臣子弟梁允治、郑孝德、蔡世昌、金型四人到监读书。臣等谨查雍正二年琉球国陪臣子弟郑秉哲、郑谦、蔡宏训等入监读书,经礼部议准照康熙二十七年之例,选取贡生一名,令其教习。派博士等员管理,臣监堂官不时稽察。至教习贡生一切等项,俱照官学教习之例等因,遵行在案。今该国王送到官生梁允治等四人入监读书,相应仍照旧例。臣等公同选得拔贡生潘相,湖南安乡县人。为人老成,学业优长,俾之朝夕讲解教习文艺。又派得博士张凤书、助教林人樾,俾之管理。臣等不时加谨稽察。至教习贡生一切等项,俱照官学教习之例。俟命下后,臣等移咨吏、礼二部存案。为此缮摺具奏,伏候皇上睿监施行。臣等谨奏。①

国子监六位大臣联合上奏认为,按照惯例师资团需"选取贡生一名,令其教习。派博士等员管理,监堂官不时稽察"。最后,他们建议出身湖南安乡的潘相出任本次教习,理由是"为人老成,学业优长"。同时,建议安排博士张凤书、助教林人樾协助管理。乾隆当日就同意了国子监的奏报。

至此,湖南安乡县人潘相正式奉命出任乾隆二十五年的琉球官生教习。之后四年,潘氏敬业教育,以文会友与琉球结缘,为中国人进一步了解琉球、为中国文化传播琉球以及中琉友好交流做出了贡献。

---

① 潘相:《琉球入学闻见录》,第264—265页。

## 二、湖南先生与琉球学生

奉旨出任外国官生教习,自然是一种无上的荣誉。时人秦大成(1720—1779)在《送经峰兄之官》中曾赞说:

> 安乡人品玉无瑕,少小读书破五车。
> 海外亲臣为弟子,中原名士让声华。
> 盈箱风雨重阳句,唾手功名满县花。
> 循吏儒林看合传,故人翘首在天涯。①

上述诗文收录在潘相编纂的《琉球入学见闻录》卷四"艺文"之中,诗题的"经峰"乃潘相之号。诗文赞扬了德才兼备的潘相出任海外亲臣弟子的教习,实乃一大荣誉,以致中原名士都得让其"声华"一筹。"盈箱风雨重阳句"暗指以诗名的宋人潘大临,寓意潘相满腹经纶,荣膺琉球教习,终得功成名就,为乡里争了光。"循吏儒林"即官员文人皆相互传颂,而此处的"故人"应该指一起曾在翰林院供职的同僚们,他们结束使命后各奔前程,只能在天涯各处翘首期盼与其早日相会。

据潘相所记,秦大成赋诗时的身份为"修撰",这一点似乎值得怀疑。多种史料表明,秦大成是在乾隆二十四年(1759)中举,二十八年(1763)中的状元,随后才出任翰林院修撰。②而潘相出任教习是在乾隆二十五年(1760),《琉球入学见闻录》刊行于乾隆二十九年

---

① 潘相:《琉球入学闻见录》,第407—408页。
② 林介宇:《秦大成》,《科举学论丛》2011年第3期。

(1764),所以"修撰"乃秦大成状元及第后的身份,并非做诗时的官职。当年两人应为国子监同僚,潘相擢为琉球教习,秦大成自然爱慕,乃特撰饯行一诗。换言之,此时潘氏将秦大成提早"升职"为"修撰",似乎具有矫饰之嫌。

(一)潘相其人

潘相出生的湖南安乡,其地历史底蕴深厚。早在新石器时代就有人类在此繁衍生息,境内发现的汤家岗新石器遗址已有7000多年历史,全国罕见。陈天嘉二年(561),析作唐西南部置县,因"洞庭兰澧诸水各安其流"而名"安乡"。东晋名士车胤、南北朝著名山水诗人阴铿、北宋大文豪范仲淹,都曾生活求学于此,因此,安乡亦称得上人杰地灵之处。

根据潘相的自述,其"湖南安乡县人,乾隆六年拔贡生。二十三年考充武英殿校书。二十五年琉球官生郑孝德等入学,经国子监奏充教习。本年应顺天乡试,中式四十一名。二十八年会试,中式三十五名。二十九年,郑孝德等还国,教习事竣。二月初四日,本监带领引见,奉旨'潘相著以知县用'。四月,选授山东登州府福山县知县"。①

而根据《湖湘近现代文献家通考》一书的记载,潘相(约1708—1785)②,字润章,号经峰,湖南安乡县人,居东高,承焯、承炜、承炳之父。约生于康熙四十七年(1708)以后,约卒于乾隆五十年(1785)以后。父之滋,字雨膏,卓识诗传,令邑名宿叹服。少敏好学,清乾隆六年辛酉拔贡生。二十五年北闱举人,充武英殿分校,擢琉球国官学教习。二十八年进士,归班候铨,寻以教习期满,翌年以官国

---

① 潘相:《琉球入学闻见录》,第292—294页。
② 关于潘相的生卒年存疑,据《国朝耆献类征初编》卷240的记载为"1713—1790",待考。

子监事引见，以知县用，选山东福山县，三十四年十月调曲阜知县。三十九年升濮州知州。四十三年以葬亲乞归。四十五年补云南昆阳知州，未赴，以修墓致仕归。①

潘氏一生著作宏富，主要有《周易尊翼》《尚书可解》《毛诗古音参议》《春秋尊孟》《春秋比事参议》《春秋应举辑要》（十二卷）、《礼记厘编》（十卷）、《周礼撮要》《琉球入学见闻录》（四卷）、《曲阜县志》（一百卷）、《吾学录》《事友录》（五卷）、《澧志举要》（三卷）、《謇文书屋集略》《菉猗堂集略》（四卷）等，清代汇为刻本《潘相所著书》。② 因而，安乡县人民政府网的《安乡赋》称其为"大学者潘相，当官为民留美名，太子恩师帝王敬"。③

（二）琉球四生

潘相在《琉球入学见闻录》中，对四位来自琉球的官生作了详略不同的介绍，兹摘引如下：

1. 郑孝德（1735—?）

> 郑孝德，字绍衣。祖士绚，正议大夫，充雍正四年贡使。父国观，少有志趣。岁壬寅，北学于闽，从江某游。六年，始归。乾隆九年，充朝京都通官。没于馆，葬张家湾。乾隆十九年，孝德年二十，随妇翁紫金大夫蔡宏谟入请封，乞省墓。二十五年，入学。伤父志未就，昼夜刻厉，孜孜问学不怠，手抄《四书》《五经》。儒先语，一衷于子朱子。尤玩味《小学》《近思录》等书。善书法、诗文，皆有规矩。臣题其座右曰："欲为海国无双士，来读天都未

---

① 郑伟章《湖湘近现代文献家通考》，长沙：岳麓书社，2007年版，第10页。
② 杨佳：《历代湖南丛书综述》，《图书馆》2015年第4期。
③ 安乡县人民政府网：http://www.anxiang.gov.cn/c2240/20190429/i280624.html。

见书。"所以望其成者，固未有涯云。其弟孝思，随孝德来学。二十九年二月，辛于译馆。①

郑孝德的祖父、父亲都到过中国，父亲客死他乡，葬于通州张家湾。孝德二十岁之际，曾随外祖父蔡宏谟特来中国省墓。乾隆二十五年入监后，"孜孜问学不息"，尤其喜欢《小学》《近思录》，且多才多艺，业师潘相寄予其厚望。本次除了自己作为官生前来留学外，还携带身份为"勤学"的弟弟孝思一同入清，遗憾的是乾隆二十九年，孝思染病殁于译馆。

郑孝德学成归国，官至紫金大夫。② 通过在京学习，系统接受了中国传统的诗词、文章、四书五经、礼仪习俗，使其文学水准有了显著提高，其存世的诗文作品大概有30篇，③ 是研究琉球汉文学的重要代表之一。

2. 蔡世昌（1737—1798）

蔡世昌，字汝显，文溥弟紫金大夫文河之孙、都通官文海之嗣孙、正义大夫光君之长子也。世昌入学时，年二十四，与孝德相劚切，不欲专为词章学。臣有联云："人在海邦推俊杰，学从京国问渊源。"盖记实也。其词章，亦禀承矩度，多可观者。④

---

① 潘相：《琉球入学闻见录》，第307—308页。
② 黄裔：《三探琉球汉诗》，《三明师专学报》（社会科学专辑）1995年第4期。
③ 任燕涛：《琉球人郑孝德汉诗文探究》，《牡丹江师范学院学报》（哲社版）2014年第3期。
④ 潘相：《琉球入学闻见录》，第308页。

潘相对蔡世昌的介绍并不很详细，但世昌实为华人之裔，其先世乃宋端明殿学士蔡襄，君谟六世孙蔡崇生为南安县移民，洪武时期奉太祖之命移居球阳，世昌为崇生十三世孙。入监就学后，刻苦勤奋，酷爱昌黎之文。学成归国，官至紫金大夫，可见汉诗11首。[1]

3. 梁允治（1732—1760）

对于梁允治的介绍，潘相着墨尤多，可见对其的喜爱程度。

> 梁允治，字永安，官外间亲云上。祖曰得宗，正议大夫，充康熙五十九年贡使。父锡光，官都通事。允治知读书，即喜从蔡澹园问津。家故多书，日夜披吟，忘寝食，遂以其意绘《身心性命图》。又仿朱子《或问》法，著《服制辨义》。乾隆二十二年，王选士入学。其大夫，首举允治。允治年二十九，于四人最长。初入谒，即雍容有仪。执经书，孜孜请问，日五、七次不休。一句一字，必求其至是。字义偏傍、声音清浊，不毫毛放过。诗文亦可观。居无何，金型卒，郑孝德暨仆从皆染疫。允治偕蔡世昌日营丧务，料理诸医药，深夜犹奔事诸患者，不寝卧旬余。忽一夜，来请曰："郑孝德始知其妹夫金型之丧，将出视其棺，请呼工人再黝之。"旦日，令允治董工事，遽卧，答云："生病甚，惧不起也。"惊视之，已脱形。急召院医诊视，百方救之，竟以四月十九日卒于馆。[2]

允治为四人之中最年长，其"雍容有仪"，又平日好学喜闻，加之素有家学，入监之前已熟读朱熹的《四书或问》，并有著述。师事潘相

---

[1] 黄裔：《三探琉球汉诗》，《三明师专学报》（社会科学专辑）1995年第4期。
[2] 潘相：《琉球入学闻见录》，第309—310页。

后，一如既往孜孜求学，因而"诗文亦可观"。痛惜的是为同门金型料理丧务过劳而病卒于馆，英年29岁。

4. 金型（1742—1760）

金型实乃郑孝德的妹夫，在上述梁允治的介绍中，潘相曾提到说，当郑孝德得知妹夫金型之丧，"将出视其棺，请呼工人再黝之"，即孝德拟开棺以黑色牺牲再行阴祀，可见其失去亲人的切肤之痛。潘相的介绍如下：

> 金型，字友圣。远祖瑛，洪武中，自福建奉命入琉球，累世昌炽。至型，始入太学，年十九。资甚清，喜读书。在闽购颁发诸经，昼夜阅之，忘寝餐，因积痨瘵。到监月余，咨太医院发数医诊治，不效。泣曰："生甫入学，遽若兹！无以报天朝及我王之德，贻老母忧。不忠、不孝！"语已，复泣，不及他，遂卒，时庚辰岁三月十六日也。一切恩赐，与梁允治并照蔡宏训旧例奏准施行。①

金型亦是洪武时期闽人的移民后裔，年十九入国子监。期间昼夜挑灯，废寝忘食，终于积痨成疾，入监月余就不治身亡。从其遗言，深感其懊悔之情与忠孝之义。文中提到的"蔡宏训"于雍正二年（1724）病逝于北京国子监，雍正帝特赐白金300两，以100两修坟，另200两交琉球贡使带回，作为其母的赡养费。② 因此，本次亦照蔡氏旧例，梁允治、金型死后，乾隆亦各恤赏300两白银，以慰外人。

---

① 潘相：《琉球入学闻见录》，第311页。
② 黄新宪：《封贡体制与琉球来华留学生教育》，《河北师范大学学报》（教育科学版）1998年第2期。

### (三) 师生情谊

四年的国子监生活，潘相与其他几位中国先生和谐相处，与琉球官生朝夕学问，师生教学相长，彼此结下了深厚的感情。这份师生之间的情谊，在结束教习之后转任知县的原助教戴望峰的《感旧咏十二》中，表现得淋漓尽致，诗文写道：

天临双阙，邦畿为首善之区。地建三雍，钟鼓有于论之盛。官清似水，滥竽而谬托分曹。士集如云，秉铎而忝司助教。计素餐以八载，廪粟空縻。洎释褐于三春，恩荣叨窃。辞六堂之绦帐，绾百里之铜章。采杜若于湘南，烟波满目。萎萱花于堂北，风木惊心！返梓里以端忧，企燕台而慨想！年光荏苒，不无易逝之悲！意绪纷纭，尽是难忘之处。嗟乎！桑阴一宿，犹认前因。圆泽三生，都成昨梦！望长安于日下，迢迢路隔三千。疏短咏于灯前，累累诗成十二。绿槐犹在，愿与君追石鼓之欢。青鸟能来，幸为我报蓬山之信！

最难忘处古槐阶，手植犹传许鲁斋。一自奎章嘉瑞应，太和元气验根荄。

最难忘处过桥门，猎碣苍苍十鼓存。几度摩挲趯趣字，塌归灯下细评论。

最难忘处御碑亭，谟烈三朝海甸宁。新辟西陲二万里，太平天子自书铭。

最难忘处放朝衙，日照东厢绚彩霞。坐拥皋比人似玉，暖风吹上紫藤花。

最难忘处是西厢，宾馆新开教士堂。圣代车书通万国，琉球子弟许观光！

最难忘处讲堂西，晨入冠裳取次齐。午帐谈余人未散，笑看日影候棠梨。

最难忘处是南雍，九域英才萃此中。廨舍结邻无俗客，六堂灯火夜窗红。（余于戊寅春，移居南学公署，六堂环绕。诸生晨夕过谈，至夜分不倦）

最难忘处是宜台，小筑呼童荷锸来。今日不知谁是主，可曾着意买花栽？

最难忘处盍朋簪，酒地诗天愜素心。余兴偶然思对奕，一枰花底昼愔愔。

最难忘处订交游，亭号陶然得小休。胜侣无端云散后，白苹红蓼为谁秋！

最难忘处上丁期，玉殿凝禧此习仪。肆祀春秋叨与祭，曾经十度捧尊彝。

最难忘处点朝班，也逐鹓行觐圣颜。一坠风尘追西梦，葵心犹向五云间。①

与潘相一样，因教习琉球官生有功，浙江浦江人戴望峰（字桐峰）由国子监助教擢任为知县，但回望自己和潘相共处的时光，不禁感慨无量。诗文用了十二个"最难忘"，深情追忆了国子监的工作与生活，读来感人肺腑，应是对潘相等人四年工作的最好总结和褒奖。而从潘相在诗文中的补注"余于戊寅春，移居南学公署，六堂环绕。诸生晨夕过谈，至夜分不倦"可见，教习敬业，官生爱学，师生彻夜欢谈，耽于学问以为乐。

---

① 潘相：《琉球入学闻见录》，第408—412页。

湖湘文化与东亚 >>>

学习之余，国子监也安排了课外采风活动。秋高气爽时节，教习和助教率琉球官生到北京城郊远足，师生登临胜地，饮酒赋诗，其融洽之情，可在郑孝德等人的记游散文《游陶然亭》中充分读取：

辛巳重阳前六日，堂师张函晖邀同张颛斋及我经峰师游城南陶然亭，命德等随行。此地清幽绝尘，为天都名胜之区。贤士大夫之游观者，常络绎不绝。是日也，久雨新晴，金风清爽。芦叶弥川，菊花铺径。俯仰左右，真足以游目骋怀。翘两堂师及吾师吟诗飞觞，谈古今、论人物，无非至教。生等侍列座末，其乐何极！既而斜阳在山，告归西序。余兴勃然，爰赋诗以志之。

携我探奇九月秋，陶然亭上喜从游。放怀别具千年眼，望远欣登百尺楼。菊近重阳香满地，风清佳日酒盈瓯。座间谈笑皆明训，欢豁心茅益进修。①

郑孝德等人入监学习的第二年即乾隆二十六年（1761）九月初三日，琉球官生的堂师张函晖、张颛斋邀请潘相及郑孝德等人一同前往城南的陶然亭郊游，此日风和日丽，景色宜人，教习们吟诗飞觞，学生侍列座末，"其乐何极"，一幅师生融洽欢谈的景象。

当梁允治、金型两位弟子因病早逝，身为导师的潘相无限悲伤惋惜，夜不成寐，挥毫写诗寄托哀思。在题为《古风悼琉球国官生梁允治金型》的长诗中，深情追忆两个琉球学子的音容笑貌、勤勉好学之态度精神、师生共度的美好时光，尤其是结尾的"独坐不能眠，侧听魂在几。叹息遂成诗，感念何时止"，读来感人肺腑，令人动容。因

---

① 潘相：《琉球入学闻见录》，第434—435页。

此，此诗也被收入民国徐世昌编选的《晚晴簃诗汇》卷九十二中，堪称悼亡诗杰作。①

时值郑孝德、蔡汝显学成归国，潘相特赋诗一首，字里行间难掩其依依惜别之情，诗曰：

> 承恩万里盍朋簪，中外师生兴倍酣。
> 备历艰虞亲似漆，几年渐染碧于蓝。
> 客程此日辞天北，吾道从今度海南。
> 分手无为儿女别，来朝时遣鸽奴函！②

诗中的"亲似漆"一词完美道出了师生的融洽关系，几位官生已经"染碧于蓝"即学业不仅大成而且胜于蓝，如今别离，难免泪沾襟，寄希望再次来中国时一报为盼。

然在四年的教习生活中最为值得一提的是，潘相利用自己得天独厚的优势，利用教学之余，编纂了《琉球入学见闻录》。这部类似教习日志的著述在编纂过程中，"臣兹与入学陪臣郑孝德、蔡世昌同居四年，逐条核问"，"凡千万言，皆就所见所闻而类次之者"，换言之，《琉球入学见闻录》可信度高，而且潘相自信能为"后之北学者，亦有所考信，毋病于阙遗"。③当然，这其中实乃离不开琉球官生的倾心协助，甚至可以说此书乃中琉师生合力之作也不为过。

---

① 黄新宪：《封贡体制与琉球来华留学生教育》，《河北师范大学学报》（教育科学版）1998年第2期。
② 潘相：《琉球入学闻见录》，第426—427页。
③ 潘相：《琉球入学闻见录》，第8—9页。

### 三、教习生涯与文化传播

潘相四年的教习轨迹，几乎可从其《琉球入学见闻录》中获知。这部著述究竟如何成书、内容怎样，值得深入研究。

根据潘相自己的记载，该书除了着重参考徐葆光《中山传信录》、周煌《琉球国志》外，还与同居四年之久的琉球官生郑孝德、蔡世昌逐条核问，以去伪存真。不仅如此，还参考了琉球国程顺则等人的著述。实际上，从后面的参考书目来看，潘相还参阅了日本、朝鲜、安南等国的文献。所以说，潘相本人虽没有亲历琉球王国，但本书的价值绝对不逊于各琉球册封使的使琉球录记载，甚至有过之而无不及。因此，《琉球入学见闻录》是清代为止中国人认识琉球的一个巅峰之作，应予足够重视。

（一）主要内容与版本

《琉球入学见闻录》共四卷，其内容分别如下：

凡例

采用书目：78种

图绘：琉球星野图、琉球国全图、琉球国都图、封舟图、玻璃漏图、罗星图、针路图、传经图

卷一：封爵、锡赉（土贡附）、星槎（岛迹附）、谨度

卷二：爵禄、田赋（食货附）、制度、祀法、兵刑、风俗、书籍、字母、土音、诵声（教条附）、贤王（吏民附）

卷三：奏疏、廪给、师生、教规、答问

卷四：赋、诗、序、记、表笺

《琉球入学见闻录》初版于乾隆二十九年（1764），管见所及目前国内外可见版本主要有：（1）乾隆二十九年（1764）汲古阁刻本（早稻田大学图书馆藏、全4册）、（2）乾隆三十三年（1768）刻本（四卷）、（3）道光二十年（1840）刻本《琉球入学见闻录四卷，图一卷》、（4）清同治间（1862—1874）抄本、（5）姚文栋辑《清代琉球纪录续辑》（周宪之主编《台湾文献丛刊》第299种、台湾银行经济研究室1972年）、（6）台北文海出版社1973年版《琉球入学闻见录》（沈云龙主编《近代中国史料丛刊第九十二辑》）、（7）学苑出版社1996年版《琉球入学见闻录 纪琉球人太学始末》（金沛霖等主编《太学文献大成》二十）、（8）北京图书馆出版社2000年出版的《国家图书馆藏琉球资料汇编（下）》（黄润华、薛英编）、（9）鹭江出版社2012年出版的《传世汉文琉球文献辑稿》收录的北京图书馆本、（10）日本榕树书林2018年出版的《译注琉球入学见闻录》（赤岭守等译注）、（11）方志出版社2018年出版《琉球入学见闻录》"附周煌著《琉球国志略》"（应国斌点校）等。值得注意的是，1973年文海出版社误将书名为《琉球入学闻见录》，致使引起学界混乱。日本赤岭守等人的译注本、潘氏乡人应国斌点校本皆存在较多舛误，《琉球入学见闻录》的基础研究仍存在较大空间。

（二）中琉文化交流

诚如上述，《琉球入学见闻录》所记内容在大量参考中外文献的基础上，经由中外师生逐一校核、订正而成，其可信度之高可见一斑，因而具有极高的文献史料价值，对考察以潘相为代表的清代知识分子与琉球人士的文化交流提供了重要素材。以下在剖析本书主要文献价值之同时，对该时期一群特殊人物之间的"亲密接触"进行梳理，从而呈现中琉文化交流的一个重要点面。

1. 官学制度与知识传习

众所周知，自唐宋以来，中国文献就开始记载琉球，到了明清，随着中琉两国国交的建立，介绍琉球的文献质量逐日提升，尤其是册封使陈侃刊印《使琉球录》（1534年）以来，中国人对琉球的认识发生了质的变化，之后明清两代的琉球册封使都承袭陈氏这一习惯，留下了众多研究琉球的重要历史文献。册封使们不仅详细记载了整个册封过程，还对自己亲眼所见所闻的琉球风俗、制度、文字、艺文等一一进行了载录。此外，还对历代文献记载中的相关舛误进行辨证。但作为一名官生教习，潘相的知识储备丰富，加之其写作目的高远，《琉球入学见闻录》的视角自然别具一格，前二卷主要摘录中外文献的相关资料进行汇总、考证而成，而第三卷尤详于国子监琉球官生的教育，这是其他文献所不可比拟之处。

卷三分为奏疏、廪给、师生、教规、答问五部分。在"奏疏"部分，保存了自康熙二十三年以来至乾隆二十五年为止的"册使之奏、部臣监臣议准一切保举教习事竣保题之奏、国王遣送入学及请归之奏、归后谢恩之奏、此次请许官生一例迎驾之奏"，[1] 为了解清代接受琉球官生过程中最高决策的来龙去脉提供了宝贵文献。"廪给"部分首先根据《明会典》的记载，回顾了明朝期间给予琉球官生的待遇，到了清代，官生待遇有所提高，部署分工明确，"光禄寺给食物，工部给衣服、器用、户部给口粮、纸笔"，[2] 此外"日有饩、月有赐、季有赉。下逮傔从，纤悉曲尽"。[3] 乾隆帝对官生也格外体恤，"特命行文工部应

---

[1] 潘湘：《琉球入学见闻录》，第235—236页。
[2] 潘湘：《琉球入学见闻录》，第276页。
[3] 潘湘：《琉球入学见闻录》，第276页。

给物件，俱着交内务府办给。由是各衙门应给等项，至丰且备"。① 如此朝廷上下齐力，共同做好琉球官生的安置工作。那么，乾隆二十五年入学的琉球官生其待遇究竟如何？潘氏也有详载：

一、官生食用等项，俱照康熙二十七年题准之例。每官生一名，俱照进贡都通事之例，每日各给白米二升。跟役，每人每日各给白米一升。国子监每季核算人数小建，总计若干石，移咨户部关领火仓白米。

一、官生食物，每人每日给鸡一只、肉二斤、茶叶五钱、豆腐一斤、花椒五分、清酱四两、香油四钱、酱四两、黄酒一瓶、菜一斤、盐一两、灯油二两。跟役，每人每日给肉一斤、盐一两、菜十两。

一、官生住房，拨西厢居之。后一进五间，官生四人各住一间，中一间为讲堂。正厅三间，中一间设公座，为堂官稽查之所。东一间，教习居之。西一间，贮食用之物。西耳房二间，为厨房，住厨役、火夫各一名。东耳房，住各从人。下至湢浴、溷厕，莫不修备。每岁四月之朔，国子监行文内务府，府遣官役高搭前后凉棚二座。八月底，自行撤回。

一、官生等用物，内务府广储司遵旨办送，照雍正二年之例，加增应用锡烛台四个、锡灯台四个、锡茶壶二把、锡酒壶二把、黄铜面盆四个、磁大碗二十个、小碗二十个、小盘十个、碟子十六个、茶钟十六个、酒盅十个、席子十领、白毡八条、高棹六张、满棹四张、板凳六条、椅子八张、绵布门帘六个、竹门帘六个、盛书

---

① 潘湘：《琉球入学见闻录》，第276页。

大竖柜四个、火盆四个、广铁锅二口、小磁盆六个、水缸四口、连钩扁担水桶一副。其筷子、木杓、柳罐、笤帚、竹扫帚、铁通条锅盖砂锅、木瓢等物,皆各备具。木器、磁器如有损坏,监咨内务府,府仍随时添补。每日应用煤炭,照例内务府煤炭局每日应送煤三十斤、白炭三斤;每月总扣若干斤,遣役送给。冬月至正月,每人每日各加送烤炭白炭五斤。十月底,总计三月若干斤,遣役送给。

一、官生衣帽等项,内务府广储司遵旨办给。官生每人冬季各给貂皮领袖官用缎面细羊皮袍褂、纺丝绵袄中衣各一件,染貂帽各一顶,鹿皮靴连毡袜各一双(此次鹿皮靴改给缎靴)。春、秋二季各给官用缎面杭䌷里绵袍、官用缎面纺丝䌷里绵褂、纺丝衫中衣各一件,绒纬凉帽各一顶,官用缎靴各一双,马皮靴各一双(此次马皮靴亦改给缎靴);夏季各给硬纱袍褂、罗衫中衣各一件。每年春季,各给纺丝面布里棉被、棉褥、纺丝头枕各一分。跟伴四人,每年冬季各给布面老羊皮袍、布棉袄中衣各一件,貂皮帽各一顶,马皮帮牛皮靴、布棉袜各一双。春、秋二季,各给布棉袍褂各一件。夏季给单布袍、布衫中衣各一件,雨缨凉帽各一顶。每年春季,给布棉被褥、头枕各一分。[1]

中国政府几乎包揽了琉球官生、随从在四年留学期间的所有开支,"廪给"条目逐一读来,感慨无限!深感中国对外国求学人员极尽宽厚的情怀,无微不至的关爱精神。

"师生"部分,主要罗列了康熙二十七年至乾隆二十五年国子监历

---

[1] 潘湘:《琉球入学见闻录》,第278—285页。

任祭酒、司业、派董率官（助教）、教习名单及简介，① 之后为洪武二十五年以来至乾隆二十五年止的琉球官生名单，② 是研究明清琉球官生派遣制度、留学人员的重要历史资料。

"教规"部分在引用前贤先哲关于教育箴言的基础上，列出本级学生的规矩七条：

> 每月朔、望早起、沐浴、正衣冠，候大人拜庙后，随班拜庙三跪九叩首，次拜后殿三跪九叩首，次谒文公祠一跪三叩首。已随诣彝伦堂，上堂打三躬。退，诣讲堂打三躬。
>
> 一、未领衣冠时，服该国冠服。已领之后，即服所赐冠服。
>
> 一、每日早起，沐浴、正衣冠，诣讲堂听讲《小学》数条。《小学》完，讲《近思录》。饭后，讲经数条，临帖。灯下，讲四六古文各一篇、诗一首，次日背诵。
>
> 一、讲书之时，诸生以齿序立，专心听讲。或有语言不通、意义未晓者，须再三问明。
>
> 一、听讲之后，各归本位肄习，衣冠必整肃。出入必恭敬，行步必端庄，不得笑语喧哗。
>
> 一、逢三日，作诗一首，不拘古律。逢八日，作四六一篇或论序等类一篇。
>
> 一、跟伴须各自约束，不得恣其出入、听其傲慢，有乖礼法。③

---

① 潘湘：《琉球入学见闻录》，第287—294页。
② 潘湘：《琉球入学见闻录》，第294—311页。
③ 潘相：《琉球入学闻见录》，第325—327页。

从日常的行为举止、衣装仪表、个人卫生、课堂纪律、学习方法、课后作业到陪读人员的管束，都有明确的规定，即使今天看来，有些教规仍然掷地有声，甚至让现代的教育显得黯然惭愧。尤其在留学生制度成为众人口舌甚至诟病的当今，上述的教规仍不失为历史之龟鉴，依然具有生命力。

最后是"问答"，也即学习的方法，潘相采用一问一答的形式，给留学生开具学业进取的药方。这部分着实有趣，兹引要点如下：

> 问：学生之学，以何者为先？
> 曰：臣以为学，莫先于定趋向。
> 问：下国习尚，各有所宜。祈俯而教之，何如？
> 曰：古之圣人明于此，莫不以变习尚为先务。
> 问：古今之书充栋汗牛，学生辈苦不能多读，何如？
> 曰：所以用功，惟在辨古书之正伪。
> 问：书之正伪既闻命矣，其读之也，当奈何？
> 曰：凡读书，有本原、有次序、有纲领、有要法。何谓本原？读书之法，莫贵于循序而致精。何谓次序？必《大学》《论语》《孟子》之既通，然后可以读之而见其为实学，而极《中庸》之归趣。《四书》卒业，乃读《五经》。——右严课程。[①]

对于学业，潘相总结为四点：首先是定趋向，也即志向要高远；其次是变习，要改变以前习惯以接纳新事物；三是读书要辨正伪，要选好书；四是严格课程安排，才能循序渐进。潘相作为一名读书五车、学业

---

① 潘相：《琉球入学闻见录》，第327—355页。

大成的翰林院检讨,对如何读书自有一套成熟的心得。因此这也是潘相教学理念的集中体现,浓缩着清代国家最高教育机构培养外国留学生的经验结晶。共享与此,不仅可以追溯古人读书之径,亦可作为今人研习国学之参考。

不仅如此,潘相还针对每位官生的性格特点、学习成绩等个人差异,制定了相应的教学方法,可谓做到了因人施教,这在卷四"序"的《中山郑绍衣太学课艺序》[①]《中山郑绍言太学课艺序》[②]等文章中可充分得到感悟。

乾隆二十九年,琉球两名官生学成归国,为琉球的文化事业做出了极大贡献,这也足以证明潘相等人的教学是成功的、卓有成效的。蔡世昌回国后即被王府任命为存留通事,也就是琉球国驻福州琉球馆的外事官员,1770年升为都通事来华接贡。乾隆四十七年(1782)官拜正议大夫,以副使身份进京朝贡,回国后直接官拜紫金大夫,因才学人品出众被琉球王拜为国师,成为琉球王的高级政治顾问。之后他编撰琉球国历史上第一部成文法典《琉球科律》,被奉为琉球律法学拓荒人。在他的倡导和推动下,琉球国于1796年在王都设立首里国学,开创普及教育之先河。郑孝德的表现也不俗,历次作为随行陪臣前来中国。他诗文书法俱佳,琉球国史《历代宝案》评价他"颇知文艺,所作性理论并骈体文俱有可观,书法端楷",为琉球的文教事业发挥了重要作用。[③]

2.《传经图》与琉球认知

明代之前的我国文献中,对琉球的记载只见文字,不绘图像,因此对一海之隔的琉球人印象主要来自《隋书》"流求国传",即"男女皆

---

① 潘相:《琉球入学闻见录》,第456—460页。
② 潘相:《琉球入学闻见录》,第465—466页。
③ 周朝晖:《琉球官生与国子监的湖南教习》,《书屋》2018年第5期。

以白纻绳缠发，从项后盘绕至额。其男子用鸟羽为冠，装以珠贝，饰以赤毛，形制不同。妇人以罗纹白布为帽，其形正方。织斗镂皮，并杂色纻及杂毛以为衣，制裁不一。织藤为笠，饰以毛羽。缀毛垂螺为饰，杂色相间，下垂小贝，其声如珮。缀珰施钏，悬珠于颈"。又说"人深目长鼻，颇类于胡，亦有小慧"，"男子拔去髭鬓，身上有毛之处皆亦除去。妇人以墨黥手，为虫蛇之文"。一幅蛮荒不开化的形象。

唐代刘恂（873？—921？）撰写、成书于五代时期的《岭表录异》①卷下的"流虬国"中也有琉球人的相关记载："又经流虬国，其国人么麽，一概皆服麻布而有礼。竞将食物求易钉铁。新罗客亦半译其语，遣客速过。言此国遇华人飘泛至者，虑有灾祸。既而又行经小人国，其人悉裸形，小如五六岁儿。（后略）"② 张鷟的《朝野佥载》亦对琉球国人有简短的记载："人形短小，似昆仑。"③ 因此，明之前的中国人把琉球人的形象贴上了"短小、奇形怪状、荒芜未化"等标签。

洪武五年，中琉正式通交，随着人员的互访，中国人对琉球的认识随之也发生了变化，记载琉球的文献也陡增，其中不乏图文并茂之作，但其可信度并不高，尤其是琉球人的画像，基本出于作者传闻或臆测。唯潘相著作中的《传经图》不同，它可以说是与琉球人朝夕相处四年后的一幅画像。

《琉球入学见闻录》的卷首附有八幅插图，其中《传经图》描绘的是潘相教授琉球官生的一个场面，详见如下：

---

① 李春桃：《〈岭表录异〉及其校本》，《社会科学家》2004年第5期。
② 商壁、潘博：《〈岭表录异〉校补》，南宁：广西民族出版社，1988年版，第80—87页。
③ 唐宋史料笔记丛刊《隋唐嘉话　朝野佥载》，北京：中华书局，1979年版，第169—170页。

图　《传经图》

　　图中共有人物十一人，其中八位标有姓名的是琉球人，分别是郑孝德（官生）、梁允治（官生）、蔡世昌（官生）、金型（官生），其余四位依次是上述四位官生的随役，分别为大福岭、哈立、岛福、由无巳。另有三位中国人，两名应是国子监教习，其中一人为潘相，潘相身后为其助手。

　　从图可见，除服饰以外（可能穿着清朝所赐冠服），琉球人的容貌与中国人也并大别。因此，这幅画也是明清文献中描绘琉球人像最有可信度的史料之一，它不仅为正确了解琉球人的形象提供了直观材料，亦为正确了解国子监留学生的服饰文化提供了重要参考。

　　当然，《琉球入学见闻录》并非完美无缺，鉴于当时的一些客观条件限制和作者的认知局限，也存在某些不足抑或舛误，试举几例如下：

在卷一"封爵"的琉球王统叙说中,潘氏对"天孙氏"到"舜天"的一万七千八百二年历史认为"荒远不可信",不宜采用,于是决定从"舜天"开始叙说。他说:"舜天者,日本人皇后裔,大里按司朝公子也,浦添按司。宋淳熙十四年,天孙氏世衰,逆臣利勇弑其君而自立,舜天讨之,诸按司奉舜天即王位。"①

潘氏的"舜天是日本人皇后裔"之说自然是参考了琉球大臣向象贤领衔修撰的《琉球国中山世鉴》(六卷、1650年成书)。该书乃琉球国"三大史书"之一,历来受到重视。但向象贤是"日琉同祖论"的主张者,同一些日本学者一样认为舜天的父亲是日本的源为朝,源氏因遭"保元之乱"自日本伊豆大岛逃亡至琉球后,得娶浦添按司之妹而生舜天。②此说缺乏史实依据,相关故事乃后人编造附会而来,自然不足为信,况且"舜天"是否真有其人,也是琉球历史之谜。而"日琉同祖论"受到吹捧,在很大程度上拟为"日本吞并琉球"作理论铺垫和开脱,须以谨慎。当然,要求一名清朝的知识分子厘清上述史实,也许过于苛刻,但研读的后人必须持慧眼以辨是非。

同样是卷一的"封爵"中,潘氏有记"嘉靖四十年,倭入琉球,执王及群臣以归,留二年,不屈,归复位。前后在位三十二年,卒"。③此"王"乃指尚宁王(1564—1620),是琉球国第二尚氏王朝第七代国王,在位期间确实因遭受日本萨摩藩入侵而被掳到鹿儿岛,随后被北上江户会见德川家康之子德川秀忠,两年后返回。"萨摩入侵琉球"发生于1609年,即万历三十七年,而并非潘氏所谓的"嘉靖四十年"。

此外,也存在若干误刊,如该书卷二记有当时潘相所见琉球国之书

---

① 潘相:《琉球入学闻见录》,第39页。
② 徐勇、汤重南主编:《琉球史论》,中华书局,2016年版,第28页。
③ 潘相:《琉球入学闻见录》,第42—43页。

籍，其中一段云："《澹园集》七卷，镌于乾隆丁卯等年，有自跋、紫金大夫曾恂德侯跋、闽人刘敬舆两序。（后略）"这里的"闽人刘敬舆"乃"福清人刘敬与（1684—?）"之误。而且，潘氏没有交代序文时间，但可据吴文焕序推定为1746或1747年。①

3. 琉汉对音与湖南方言

我国文献中记载琉球"夷字夷语"的首见于元末明初陶宗仪的《书史会要》，但数量不多，而系统记录要到嘉靖年间陈侃的《使琉球录》，而后郭汝霖、萧崇业、夏子阳、徐葆光、周煌等都有类似记载，但根据潘相之言，它们甚多谬误。

潘著之所以大量重录琉汉对音的词汇，动机与乾隆有关。

潘相高中进士后，得以谒见乾隆皇帝，不料乾隆当场对琉球语尤感兴趣，竟然问起正在担任教习的他，潘相不敢贸然相对。此后，他就对琉球字语勤加考订，待琉球官生毕业，再次进宫时，乾隆又问起琉球语，这时的潘相就一一作了陈奏，大获乾隆赞赏。对于此事，潘相有详细记载：

> 臣于乾隆庚辰奉旨教习该国入学官生，癸未成进士，引见皇上，垂询该国语音，臣未敢冒奏，仰体圣衷，益加考订。及官生归国，事竣引见皇上，复垂询再三，臣一一陈奏。天颜和霁。荷蒙录用，谨分门别类编为一册以俟谕。言语之象胥亦以志顾问之恩荣也。②

---

① 范常喜：《〈琉球入学见闻录〉所记人名"刘敬舆"当为"刘敬与"考》，《中国典籍与文化》2019年第2期。
② 潘相：《琉球入学闻见录》，第167—168页。

潘著记载的"夷语夷字"主要有：第一卷"星土"所收地名寄语若干条，第二卷的"字母"所收假名对音48个、"土音"所收琉球寄语402条、"书籍"收录用琉球语训读《便蒙解》的旁训假名寄语、"诵声"收录用琉球语训读《大学》《论语》时的假名寄语等。其中"土音"和"字母"就是明代称之为"夷语""夷字"的琉汉寄语和假名对音。为了纠正各种错讹，潘相逐一询问琉球官生，甚至"入学官生等所逐日口说而手书之者，与徐录多异"。① 因而，所录字母虽与徐葆光的《中山传信录》同名，但使用的对音却多有差异，"琉球语"也类似，记音也是独自完成，与徐录多异。从此意义上来说，是书所收的"土音"和"字母"，其汉语对音皆为潘氏所独立而为。此外，"书籍"和"诵声"中的琉球语训读汉文，如此记载堪称前无古人，对研究琉球语言的历史变迁具有重要作用。

那么，潘相在记载"琉汉对音"时，用的"汉音"究竟来自哪里？在日学者丁锋对此问题做了非常细致的考证，他的结论是：《琉球入学见闻录》反映了西南官话安乡方言西边话语音特征的多个侧面，有十二项汉语对音音系与现代安乡方言一致，五项后来有发展。因此可以说，潘相在著述中的记音主体上来自作者母语的安乡方言。②

如此说来，潘著也在无意间为保存湖南安乡古方言发挥了作用，为研究安乡话语的演变历史提供了文献资料。

4. 域外文学与典籍资料

《琉球入学见闻录》卷四的"艺文"中，不仅记载了中琉两国人士的诗文，而且还保存了几首朝鲜使者赠予潘相及其儿子的诗歌，更有甚者还有琉球官生郑孝德赠予朝鲜使臣的诗作，实属意外和珍贵，谨录

---

① 潘相：《琉球入学闻见录》，第178页。
② 丁锋：《日汉琉汉对音与明清官话音研究》，中华书局，2008年版，第287页。

以下：

（1）向谒圣庙，遇洞庭潘掌教，与之款洽。后数日，枉顾南馆，惠以华藻。盥手吟讽，牙颊生香。聊此强拙续貂，以博一粲。朝鲜国正使吏曹判书洪启禧（澹窝）

鸿渐天逵仟用仪，菁莪泮水老经师。<br>
许衡槐下班荆语，荀令香中纵笔词。<br>
行逐辽云怀子面，好将郢雪沁人脾。<br>
可能再枉论今古，别后心期夜月知。

（2）潘少年随其尊大人来枉，如荀氏故事。芳兰玉树，令人不能忘。用其尊府韵，书寄词案。洪启禧。

芳年舞象见丰仪，始信灵均橘可师。<br>
冀北良蹄千里步，荆南归梦几篇词。<br>
须从周庙观金口，时阅黄庭炼土脾。<br>
何限云霄男子事，莫孤东海老夫知。

（3）日昨左顾，兼惠华什，达宵耿耿。鄙诗病里信笔，且甚凌剧，有一、二未照检处。兹又别写呈似，更联一编，原本还掷幸甚。朝鲜国副使完山后人李旺。

揖让桥门敬有仪，江南士子识殷师。<br>
百年春过槐坛影，劫后苔深石鼓词。

掷地更聆空外响，咀真剩洗病余脾。
自私眉睫看犹远，达去敷天似旧知。
笾豆曾闲享圣仪，七年栖屑作人师。
嵬峨自是三庠秀，糠秕犹堪八股词。
偶到頖宫成礼数，笑班庭草露心脾。
城南不负花前约，袖落清诗意可知。①

(4) 酬高丽李伯祥

郑孝德

延平衍派重王门，器宇峥嵘卜凤骞。
泛海双蓬逢辇下，洒毫三峡倒词源。
春暄驿邸谈今古，夜静儒廛引梦魂。
订日西胶亲扫榻，细将文史与君论。②

第一首是朝鲜国正使吏曹判书洪启禧回赠潘相的诗文。两人曾在圣庙邂逅，相谈甚欢。数日后，潘相去朝鲜使臣下榻的南馆拜会洪启禧，并赠诗。因此，洪启禧亦以诗回礼。

第二首是洪启禧引用潘相之韵，特意送给其儿子之诗。

第三首是朝鲜国副使完山后人李晔送给潘相的诗文，请求归还之前不甚理想的诗作。可见，李晔之前就与潘相有诗文交流，其目的乃是求教做诗技艺。

第四首是琉球官生郑孝德对朝鲜李伯祥诗文的唱酬。从诗文内容可知，两人以文会友，交谊不浅。

---

① 潘相：《琉球入学闻见录》，第418—419页。
② 潘相：《琉球入学闻见录》，第436页。

最后来看《琉球入学见闻录》卷二"书籍"中所记的琉球典籍，"臣闻琉球文庙之两庑皆蓄经书"，① 可见国内典藏不少，主要有：月吉读的《圣谕衍义》、国书《法司教条》、国王先后刊印的《四书》《五经》《小学》《近思录集解便蒙详说》《古文真宝》《千家诗》，这些书板藏在王府，陈请即可所得。而潘相经眼的有《四书》《诗经》《书经》《近思录》《古文真宝》，这些书的"白文小注之旁皆有钩挑旁记"，此乃琉球语训读的假名标记。而球板的《近思录》屡引《明一统志》、邱琼山《家礼》、梅诞生《字汇》，这些被引的典籍刊刻于明代，是由闽人三十六姓在从事朝贡的往返时带回。②

琉球刊刻的典籍与中国有所不同，"书之传注，皆遵功令，字画悉依监本，板大而纸坚。以校雠不精，时多讹字，亦或微有不同"。如《书经》分为十卷，虞二卷、夏一卷、商二卷、周五卷，以求篇幅相称；③ 而《诗经》无异文，但亦以集传为集注；④《四书》外签有"文字训点"四字；《论语》"为政"卷之末有圣像；⑤《近思录集解便蒙详说》共二十四卷；⑥《古文真宝》的后集上卷分辞、赋、说、解、序、记六类，连序七十四页。下卷分箴、铭、文、颂、传、碑、辨、表、原、论、书十一类，共七十六页。⑦

琉球人所著有《世缵图记》《中山历传世系》，王弟尚象贤的《中山世鉴》，久米人程顺则的《中山集》《闽游草》《燕游草》《中山官制

---

① 潘相：《琉球入学闻见录》，第 182 页。
② 潘相：《琉球入学闻见录》，第 182—185 页。
③ 潘相：《琉球入学闻见录》，第 185—186 页。
④ 潘相：《琉球入学闻见录》，第 186 页。
⑤ 蔡坚，久米人，官紫金大夫。始绘圣像，率乡之绅士祀之。（潘相：《琉球入学闻见录》，文海出版社，1983 年版，第 229 页。）
⑥ 潘相：《琉球入学闻见录》，第 191—192 页。
⑦ 潘相：《琉球入学闻见录》，第 194—197 页。

考》《指南广义》,曾益的《执圭堂草》,蔡铎的《观光堂游草》,蔡温的《澹园集》《要务汇编》,蔡文溥的《四本堂集》,蔡应瑞的《五云堂集》,何文声的《诗集》,金坚、郑国观的《诗集》,周新命的《翠雪楼集》等。①

对于上述典籍,潘相指出:"其人其书,信海外之杰出者。但理多偏滞,词亦浅率;虚字、语助尤不知所用。盖由学无师承,而文法之不讲也。"②

然琉球典籍中,亦有令潘相感到惊讶之作,如仿刻的《古文真宝》一书的末页中,竟然有册封使从客余象珍(别号明台)的画像,潘相猜测这应是余氏为了自述刻书之功而作。此外《四书》中亦绘像,潘相认为这"已为不恭,又无复圣颜子像,称子思为衍圣公,且附文昌像而至以己像殿之,赞及联亦近鄙率"。对于这部明代中国亦不应有的典籍,潘相认为"疑刻书时余明台适为册使从客,私妄以己意教之,而尔时球人不精校雠,又因之而加舛耳"。③

## 四、结语

上文就《琉球入学见闻录》为主要叙事素材,对潘相出任国子监琉球官生教习的缘由、经过、成就等进行了整理与研究,同时结合相关的文献资料,对以潘相为代表的琉球教习在中琉文化交流尤其是知识传播、人才培养上所发挥的历史功绩,探讨了《琉球入学见闻录》在研究留学生教育制度、中国人的琉球认知、琉球语言文字、文献典籍等研究上所具有的文献价值与史料作用,概括之可以得到:

---

① 潘相:《琉球入学闻见录》,第 197 页。
② 潘相:《琉球入学闻见录》,第 199—200 页。
③ 潘相:《琉球入学闻见录》,第 186—191 页。

第一，鉴于《琉球入学见闻录》在国内外散存的版本多种多样，加之原著存有一定的舛误、翻刻导致的错讹等原因，其整理与校注有待进一步加强，厘定一个相对权威的文本应是相关研究的基础工作。

第二，湖南安乡人潘相是个著述丰富的学者型官吏，对其个人的全面系统研究不仅是弘扬湖南地方文化的需要，也是关注清代"康乾盛世"背景下中国知识分子社会生存、发展及成败得失的代表性人物。如要对其展开富有成效的研究，应以团队的力量在通读潘氏全著的基础上，充分调研任职各地的散在资料文献，甚至运用安乡风土资料、口述文献、家族谱牒、历史遗存等，从而凸显一个立体饱满的潘相形象。

第三，《琉球入学见闻录》应从多视角、可用多方法开展研究。由于所记内容丰富，既可以文献学、历史学、教育学等学科角度进行研究，也应从文学、语言、音韵、科技等方面展开探索。既可用历史研究法，也可用文献比对法从事分析。

第四，作为可信度很高的明清中琉文化交流史料，《琉球入学见闻录》在研究琉球历史文化、中国人的对外认知以及保存域外汉文资料上应发挥更大的作用。

第五，就目前来看，湖南与琉球关系的研究还比较薄弱，而通过潘相及其所著来探讨两者之间的关系只是其中一点，同样曾任琉球官生老师的国子监司业、湖南茶陵出身的彭维新，撰写《册封琉球赋》的湖南道州籍著名书法家何绍基等，皆可成为研究据点，从而以点连线、连线成面，终成蔚然之风。

# 湖湘文化在东北亚流播的现状及需求
## ——湖湘文化在日本鹿儿岛的影响

康上贤淑*

湖湘是稻米的发祥之地,稻米在弥生时期通过朝鲜半岛传入日本,如今世界上不仅最好吃的大米之一在日本,而且稻米与日本文化的形成有着密切的关系。日本从饮食文化到经济、教育等,都离不开稻米的传入。在日本神奈川县的相模湾沿岸地方,现在的"相模国"南部称为"湘南",就是源于湖南长沙①;在鹿儿岛市内的西乡隆盛石碑旁边耸立着黄兴的石碑,西乡隆盛与黄兴,宫崎滔天与毛泽东的伟人故事;警语"敬天爱人"等,都和历史人物、文化交流的传承及战后鹿儿岛和长沙市成为姐妹城市有着不可分割的感人故事。

本论文从稻米为切入点,通过先行研究和访谈,论证湖湘文化在日本鹿儿岛的影响,以及它的变迁和传承,并且通过长沙与鹿儿岛的文化

---

\* 作者简介:康上贤淑,鹿儿岛国际大学,主要研究方向为国际经营,亚洲经济,产业经济,流通经济等。
① 湘南一词第一次出现在"倭名类聚抄",指的是中国长沙国湘南县。中世纪中国的湘南通过禅宗的传播得以发展。现在日本的"湘南"主要指向神奈川县相模湾沿岸,其中林立,以禅宗发达的镰仓幕府为据点。明治维新后,当时在西欧流行的海水浴疗养也流入日本,作为适合的疗养地,逗子和叶山、镰仓、藤泽等相模湾沿岸别墅,湘南文化在日本发芽。

交流活动，论述这种日中之间的历史、文化、教育的友好交流，正是人类所需求的 21 世纪和平趋势和走向。

### 一、稻米文化的传播

2012 年笔者有幸与日本遗传因子人类学者筱田谦一教授相遇，那时得到了图 1 照片，从此重新认识了大陆文化植入日本后，即从绳文时代进入了弥生文化时期后的大变化。日本民族的形成，是纪元前 3 世纪初从大陆和各地移民，其中部分由朝鲜半岛流入，为今天的日本民族的遗传因子 DNA 的形成起了决定性的作用。朝鲜半岛、日本、中国的很多民族都是同根同源，正因为如此，笔者在英国的一年学习期间（2011 年到 2012 年）观光许多欧洲国家时，发现了他们通过面孔很难正确区分这三个国家的人或民族。

图 1 绳文人（左）和弥生人（右）

弥生人同时把大陆的稻米文化带到了日本，虽然稻米的最初发源地有许多争论，但笔者赞同 2017 年，由考古学术调查组对野生稻 350 系统的 DNA 分析的结果，水稻的栽培历史可追溯到约西元前 12,000～16,000 年前，其发祥之地约在中国长江流域湖南省周边地区①。"此后

---

① https://ja.wikipedia.org/wiki/%E7%A8%B2%E4%BD%9C，2019 年 4 月浏览。

水稻种植技术很快传到了东亚近邻国家，经由朝鲜、日本，南传到越南等地"[1]。根据考古学家的不断研究和发现，目前还有许多未解明的稻米传播之谜。比如，从2003年鹿儿岛大学的研究人员甲元真之等的研究中得知，12,000年前的萨摩火山灰的下层查出了水稻植物蛋白石[2]。一般认为，水稻起源长江流域的湖南，但鹿儿岛的这一发现让我们不得不思考，这些水稻究竟是怎样跨越大海在此落根的。这就需要中日两国，特别是湖南和鹿儿岛的考古科学家们共同合作并深入研究和探索证明。

2017年3月，笔者有幸担任了中国的中央电视台（CCTV）"稻米之路"日本摄影的负责人，从北海道到本岛最南端的鹿儿岛，主要拍摄稻米文化的传播。因此，有机会亲自调查和参与了佐贺的吉野里遗迹、京都和果子和鹿儿岛等水稻种植、流通、消费状况的摄影。佐贺的吉野里遗迹的面积为50公顷多，是1986年发掘的弥生时代大规模环濠村落痕迹。稻米的生产方式，以九州北部为首与日本各地有许多共通和类似的特征[3]。稻米的传承和变迁，即从湖南到朝鲜半岛，从朝鲜半岛到日本佐贺、鹿儿岛等地，经历了数千年的岁月和时间。鹿儿岛的稻米文化，也随着岁月的变更，自然具有它独特的表现方式。比如，湖南叫发糕，朝鲜半岛叫"시루떡"，在鹿儿岛曾经叫高丽饼，后来因"明石屋"企业把产品推向品牌化，现在称作"轻羹/かるかん"。

香甜可口的稻米，都是在天然水质好的环境下生产出来的。战后，

---

[1] https://zhidao.baidu.com/question/18808707.html，2019年4月浏览。
[2] 甲元眞之，木下尚子，蔵冨士寛，新里亮人：《九州先史時代遺跡出土種子の年代の検討（平成14年度/2002年研究プロジェクト報告）》，《熊本大学社会文化研究》第1卷，2003，pp. 72-74，ISSN，1348-530X。
[3] http://www.yoshinogari.jp/contents3/? categoryId=10，2019年4月浏览。

日本的稻米种植技术得到不断研究和开发，成了世界最好吃的稻米之一，以稻米为原料做出的发糕到"시루떡"、高丽饼、轻羹，名称上虽然有变化，但是千变万变不离其宗，米饭和羹等各种稻米为原料的美食，依然具有其共性。笔者吃过的鹿儿岛轻羹、韩国的"시루떡"、长沙的发糕，只是叫法不同而已，其味道都很相似，蓬松柔软，味香甜美，它们的制作方法和形状也有极大的共同点（图2）。

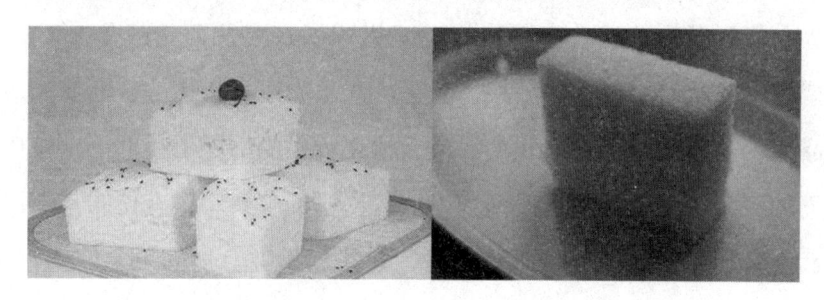

图2　湖南发糕（左）和鹿儿岛发糕（右）

## 二、近代湖湘人黄兴与鹿儿岛的明治维新豪杰西乡隆盛

湖湘文化历经先秦湘楚文化的孕育和宋明中原文化等的洗练之后，近代造就了"湖南人才半国中""中兴将相，什九湖湘""半部中国近代史由湘人写就""无湘不成军"等盛誉。湖湘文化的基本精神概括为："淳朴重义"，"勇敢尚武"，"经世致用"，"自强不息"，透露出湘人的刚劲、务实、敢为人先的实学风格和拼搏精神[1]。从西乡隆盛的身上也能感到有同样的气质和特征。可以说，湖南人才半个中国（其中有卓越的军事人才），这与鹿儿岛出维新人物（最后武士之乡）家喻户晓的特点上，真有其共性[2]。虽然鹿儿岛的历史与中国的悠久历史相比很

---

[1] https：//zhidao.baidu.com/question/18808707.html，2019年4月浏览。
[2] 解明其共性，也是今后鹿儿岛和长沙的社会科学研究者的重要课题。

短，但是中国的古典在近代历史中对日本近代化起的作用是不可估量的。明治维新始于此地，近代化的重要人才也是从这里诞生走出的。如明治维新三杰中的两位，西乡隆盛和大久保利通，还有历任的总理大臣黑田清隆、松方正义、山本权兵卫，军事家东乡平八郎等就是最好的证明①。

西乡隆盛是日本最后的武士，他的"敬天爱人"作为名言至今在日本被传颂着。1874年他为了百姓和下级士族的利益，率领下级武士与大久保利通为首的政府军作战，即指挥了有名的西南战争。1877年在熊本城与政府军爆发了激战，但是由于政府军居于优势，西乡隆盛的萨摩军，被逼撤退回到鹿儿岛，最后他在负伤的情况下让部下别府砍下自己的头颅，结束日本最后一场内战。当时的萨摩军里有位叫宫崎民藏的武士，与西乡共同参与西南战争，并壮烈牺牲。他的弟弟宫崎滔天，于1897年结识了孙中山。从此，宫崎滔天追随孙中山支持了中国的辛亥革命。

毛泽东与宫崎滔天也有一段交流的故事。1917年，毛泽东写信邀请宫崎滔天到湖南省立第一师范大学讲演，信上用"高谊贯于日月，精神动乎鬼神"一句，高度赞扬宫崎滔天支持黄兴革命事业的友情和诚意②。宫崎滔天与黄兴是肝胆相照的盟友，可不是一般的关系。1905年夏天，他把黄兴介绍给孙中山。这一珍贵的缘分，促成了孙中山和黄兴一同创立中国同盟会的历史事实。在此会上，孙中山任总理，湖南出

---

① 鹿儿岛诞生的历史人物除了西乡隆盛等以外，还有文学家黑田清辉等。战后，又出了杰出的经营之神稻盛和夫。
② 宫崎滔天收留了黄兴的儿子黄一欧，以免黄兴有后顾之忧，自己虽然穷得吃豆腐渣，却总是给黄兴一家张罗米饭。当孙黄二人闹摩擦之时，他竭力劝解，为此，孙文送给他"推心置腹"四字条幅，而黄兴则写下"儒侠者流"条幅，至今仍然保存在宫崎滔天的故居。日后黄兴去世时，宫崎滔天专程从日本赶赴湖南奔丧。两位湖南当地的学生被深深感动，给宫崎滔天写了封信赞他，其中一名学生名字叫做毛泽东。http://history.people.com.cn/n1/2016/0922/c372327-28733784-4.html

生的黄兴任副总理。后来他们联手发动了举世闻名的辛亥革命（1911年），黄兴不仅辅佐孙中山，还指挥了革命军。最终，黄兴与孙中山、章炳麟三人成了推翻几千年的封建社会、为建立近代国家而献身的辛亥三杰。

黄兴的出身与农民出身的孙中山不同，父亲是秀才，在良好的教育环境下，1902年他以优秀的成绩获得了赴日本东京宏文学院速成师范科留学的机会，这为他后来变成文武双全的辛亥豪杰起了重要的作用。在留学期间，黄兴立志与萨摩藩和长州藩联合，敬慕西乡隆盛，发誓要把湖南变成为萨摩。1909年在宫崎滔天的帮助下，黄兴来到了鹿儿岛的南洲墓地西乡隆盛的坟墓，并感慨写下了一首悼念西南战争中牺牲的8000名武士的诗[1]。

宫崎滔天的哥哥宫崎民藏的儿子叫宫崎世民，战后创立了日本的日中友好协会并任理事长职务，为中日友好贡献了一生。鹿儿岛市和鹿儿岛县的日中友好协会，也是踏着宫崎滔天、宫崎世民等为中日友好所付出的足迹，与长沙建立了友好姐妹城市关系。图3是黄兴亲笔给山口隆一先生写的题字，鹿儿岛的日中友好协会委托笔者在研究室保管了8年。当时日中友好协会的滨野幸一郎（现在是市日中友好协会的副会长），专程把黄兴的题字送到笔者的研究室，讲解了山口先生的后裔拜托给鹿儿岛日中友好协会的来龙去脉和故事[2]。

海江田顺三郎是鹿儿岛日中友好协会的创始人之一，他对黄兴的了解是始于1981年随鹿儿岛县市20名成员组成的中国使节团访问了长沙，等回到鹿儿岛后，由鹿儿岛最大的武士藩主第32代岛津修久的指

---

[1] 1909年1月。宫崎滔天与黄兴一同来到了西乡隆盛的坟墓南州墓地时，作诗如下："八千子弟甘同冢，世事唯争一局棋。悔铸当年九州错，勤王师不扑王师。" https://jcfak.com/871/。http://keiji.tenmonkan.com/kokou.htm

[2] 记得是2012年的秋天。

点，才开始对黄兴产生了浓厚的兴趣。

**图3 黄兴亲笔字与鹿儿岛日中友好协会**

资料出处：委托鹿儿岛县日中友好协会在笔者研究室保管（2012—2020年4月末），目前已经转移到鹿儿岛市国际交流会馆。

1996年于与长沙建交姐妹城市15周年纪念活动之际，鹿儿岛大学的大谷敏夫教授投稿到本地最大的媒体《南日本新闻》，其中写道：历史上湖南的思想一直给萨摩很大的影响，鸦片战争后由湖南省邵阳县人魏源编写的《海国图志》，是历史上对鹿儿岛影响力最大的萨摩藩藩主岛津久光和西乡隆盛都非常热衷阅读的巨作。岛津久光以及他的兄弟岛津齐彬深受魏源的"睁眼看世界"等思想的影响，使得他们看中国和世界的视野很独特。他们通过经由冲绳与大陆的贸易，变得十分尊敬和深爱其思想和文化，这些都对明治维新起了决定性的作用①。如果没有他们的教育和思想的影响，就没有维新豪杰，也很难说有今天的日本。

大谷认为，湖南和萨摩的这种在各自思想和价值上的相互影响，将

---

① 岛津齐彬在仙岩园创立了集成馆事业，初次建设了西式造船厂、反射炉、熔炉，制造地雷、水雷、玻璃、煤气灯等。1854年完成西式帆船，之后又制造了军舰"升平丸"，从黑船登陆后第一次尝试蒸汽发动机的国产化。他还起用下级出身的西乡隆盛和大久保利通从事朝廷的政治事务。

成为两个地区长期保持友谊的坚强纽带。2003年12月20日,海江田顺三郎会长又邀请研究黄兴的东京学艺大学中村义教授到鹿儿岛,以《黄兴是中国的西乡》为题目讲演时,人们纷纷报名听讲,以至黎明馆讲堂超过了定员座位,听众竟达到了500多人。鹿儿岛的人之所以很多人知道黄兴,与贝塚茂树著的一本书《孙文与日本》有很大关系。书中写道:明治维新的发起者之一,西乡隆盛得到黄兴的敬慕,黄兴也强调说"湖南必须成为中国的萨摩,我要成为中国的西乡隆盛"①。

此后在20周年之际,海江田顺三郎会长自己捐款了100万日元,又从西乡南洲显彰会和县民中募集到100万日元,2007年建了"中国的西乡南洲"黄兴之墓。总之,从古到今,鹿儿岛有许多有教养的、亲中国、爱长沙、爱湖湘历史文化的友好人士,他们对黄兴就像对待西乡隆盛一样(图4),一直是非常尊敬和爱戴。

图4 明治维新的豪杰西乡隆盛与辛亥革命的三杰之一黄兴

资料来源:http://keiji.tenmonkan.com/nakamura2.htm

## 三、长沙与鹿儿岛的渊源与互爱交流

2020年8月17日笔者在与海江田顺三郎访谈中,得知了鹿儿岛与

---

① 根据2020年8月17日访谈海江田顺三郎时所提供的资料。

长沙结为姐妹城市的来龙去脉。1981年鹿儿岛与长沙的结缘，首先与中国政府提供的两个候补南昌和长沙有关系。其次是与鹿儿岛出身的政治家二阶堂进（1909—2000年）的忠言有关系。另外，更重要的是与上面谈到的湖湘文化和历史人物和鹿儿岛历史人物的影响有着密切的关系。自从长沙与鹿儿岛县市结为姐妹城市以来，姐妹城市的友好交流进行得很频繁。除了特殊情况之外，几乎每年都进行了交流，特别是年轻人的交流从未断过（图5）。

**图5 长沙与鹿儿岛学生的交流**

*2019年末和2020年初两市小学生之间的交流。

在此特别介绍一下39年来热心于两国友谊的天达美代子副会长。她原来是日本的演唱歌手，2019年自演自编唱片《西乡殿》，在鹿儿岛非常畅销。她不顾年迈，还多次亲自访问过长沙，而且为了交流，对每次从长沙到鹿儿岛的年轻学生，尤其是小学生，就像对待自己的孩子一样热心接待和组织每次的活动，更让人感动的是，她每次都亲自上台表演节目，穿上旗袍用中文唱《小城故事》。估计她在长沙年轻人中会比在鹿儿岛年轻人更有名气。每次从长沙来的年轻小朋友们也准备了很多的节目和礼物，虽然他们不会讲日语，但是歌舞和游戏消除了语言障碍。他们每次分手时恋恋不舍，挥泪相别，令人感动。

  2020年在新冠肺炎盛行的情况下，不仅是鹿儿岛县市的日中友好协会，还有鹿儿岛的中学生们自主筹备募捐活动来支援长沙市民摆脱困境。作为长沙市的姐妹城市，鹿儿岛从政府到民间，用实际行动为长沙市民和湖南人民雪中送炭，各自奉献着力所能及的力量。鹿儿岛县日中友好协会海江田顺三郎会长（92岁）和鹿儿岛市日中友好协会镰田敬会长（图6），多次走入民间企业以获得赞助和捐赠，并在2020年1月30日，鹿儿岛向长沙市捐赠了56,000只口罩，医用防护服近2,000套。另外，鹿儿岛市伊敷中学的学生，从2月17日开始，以学生会为中心，策划了"帮助中国大作战"的活动，以募捐和写加油信等方式来支援中国的湖南和长沙，期待中国能早日打赢这场战疫。

\* 右第1是镰田敬会长，第2是海江田顺三郎。  \* 前排左第1是天达美代子副会长。

图6 热心支援长沙的鹿儿岛人

## 四、文化交流与和平走向

文化究竟是什么东西呢？人类学者对文化的概念的理解是多种多样的。目前，一般认为有 260 种以上。爱德华·泰勒（英国人类学者）对文化、文明的定义在广义上，包含知识、信仰、艺术、法律、习俗等以及作为社会成员所获得的能力（capability）和习性（habit），是具有综合性和整体性的智慧，特别是艺术活动的实践和在其中所产生的作品。如音乐、文学、绘画和演剧等艺术，哲学、学问、历史等，在某个地区、某个集体人群、某个时代的人们，去共享生活的方式和方法。

英国的西洋文明，最初通过鹿儿岛的明治维新到东亚日本落根。由于日本的江户时代闭关自守，佩里黑船最初接近时，日本也很惊讶和震动。连续发生的萨英战争、生麦事件，都与来自日本文化和所谓西洋文明的冲击有关。西乡隆盛说道："西洋野蛮，如果西洋真是文明国家的话，应该对未开化的国家有慈爱的心来引导文明进化才对。"

如上所述，日本最初接受西洋文明时与传统的文化有过深深的矛盾。但通过不断地努力解决矛盾，东西文化交流才得以理解和融合。他们用洋才和魂、脱亚入欧的方式保护从中国传来的技术文化，如丝绸技术、陶瓷技术、建筑、中医学等的传承，与此同时把西方文明的科学体系导入到日本后，创出了新技术，然后努力超越了发祥之地中国的传统技术。日本以 IT 信息革命为支柱，一直活跃在东亚以及世界各地。图 7 是日本川崎重工业的今天对人类的贡献，从制造船到新干线，飞机交通工具到现在的人工智能，氢气能源都处在世界的领先地位。遗憾的是很少有人知道川崎重工业的创始人，川崎正藏和第一任社长松方幸次郎（元首相松方正义的儿子）都是鹿儿岛人，而且都与岛津家族，西乡隆盛，大久保利通等有着密切的人际关系。因此，当我们细分析日本企业

湖湘文化与日本（琉球）

文化里的内在因素时，就容易看到深受湖南稻米饮食文化和重用开拓型人才等影响。正如中村哲研究的结果所示，由于稻米农作与其他农作物的耕种文化所多带来的生产方式不同，因而给产业革命带来的结果也不相同。比如，日本，中国，韩国等，稻米为主的小农经济生产方式的共性就能说明这一点①。从历史长河的这个维度来看，可以说日本与中国湖南所谓湘湖文化，尤其与稻米的耕种文化是一脉相承的。

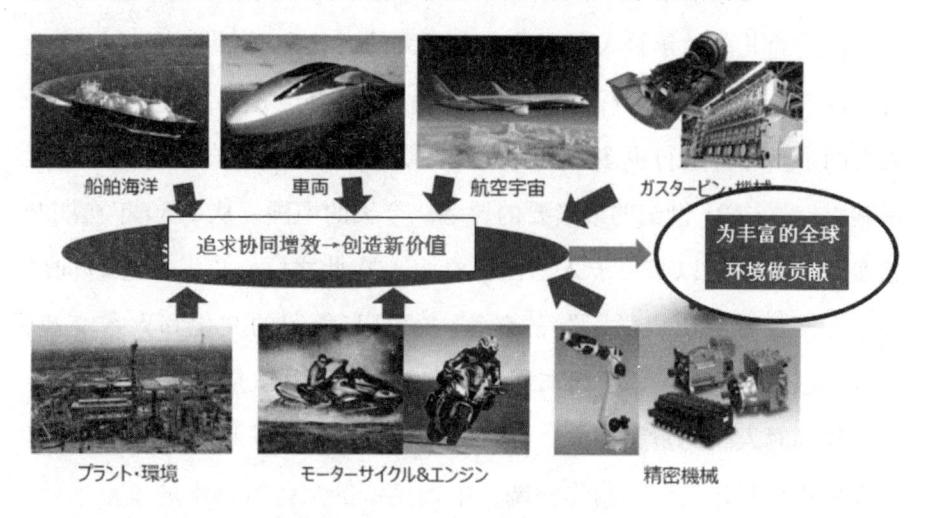

图7 鹿儿岛人创业的川崎重工业的今天

资料来源：川崎重工业企划本部，经营企划部平松秀基于2020年8月25日提供。

湖湘文化传到日本后，形成了各地独特的地域文化。如同上述，它绝对不是简单的融合，不仅需要时间的磨合，还需要持久的相互支持和付出，跨越地理、地域和心理障碍去融合。现在的年轻人，对邻国看似熟悉，其实相互不知道、不了解、不理解的人越来越多了。比如，笔者

---

① 中村哲，京都大学名誉教授。中村哲主编：《东亚近代经济的历史结构1—3集》日本评论社，2005年到2007年。2014年弗吉尼亚大学研究员Thomas Talhelm在中国调查了1162名大学生，得出结论：水稻种植产生集体主义，经过几代人的传承之后，形成研究人员所称的"水稻文化"。

65

这几天采访了身边几位鹿儿岛出生的日本大学生，也是我的学生，他们对自己的鹿儿岛历史不仅不感兴趣，也不想了去了解，对中国的文化以及湘湖文化，更是不闻不问。笔者认为，主要原因在于鹿儿岛国际大学的学生，一般大学毕业后他们不愿意离开这土生土长的城市，因此90%以上的学生都留在本地工作，加上国际化程度低，对外国认知的动机也不明确。这与明治维新期，东亚第一批去伦敦留学的萨摩留学生比，同样是作为鹿儿岛的年轻人，真是一个很大的对比和讽刺①。从这一点上可以证实，文化传承的载体就是靠人的教育和相互之间的交流，让年轻人之间子子孙孙进行更多的文化交流，使得国与国之间的友好关系继续得到保持，是21世纪的最紧要的课题。今天的中国，从1980年初期开始实行改革开放以来，步入了国际社会。在此之际，借鉴"愚者向经验学习，贤者向历史学习"的名言，通过与邻国的文化和人才交流，正视自己文化的同时，还要与周边国家达成文化共识是非常重要的。

  稻米对人类的贡献甚大，目前供应着世界60%以上人口的食粮。日本天皇耕种稻作，皇后制作丝绸，中国皇室的文化被日本的皇室承继。东亚的人通过稻米的饮食文化，汉字、衣服、陶瓷器的文化，经过数千年的历史，通过几十代的文字和口传得以传承和实现。其中，两次世界大战，使许多人深受灾祸，造就了民族之间互相憎恶的历史②。现代国家之间的资源争夺战，国家间的纠纷，经济差距，民族和宗教的差异，依然是人类的课题。战争是人祸，不是自然灾害，全球一年内只有两个星期是无战争无纷争之日。和平来之不易，但是又很容易被武力和暴力摧残。和平对人类而言，就像一个刚刚诞生的鸡蛋，非常脆弱。因此，

---

① 2020年8月28日和31日。
② 希特勒在世界大战2战期间，强制收容犹太人的奥斯威辛集中营，就是一个死者告白战争残酷的最好见证。

我们更需要用自己的能力和义务去跨过战争残留的民族和国家之间的障碍，加强国家之间、民间和个人之间的智慧链，构筑良好的友好关系。战争给受害者心中的伤痕绝对不会简单地自然消失。只有通过几代人的不懈努力，只有超越伤痛的理解和包容，只有通过促进文化和人才的友好交流这一传承的载体，才能达到文化共识，才能实现真正的世界和平。

# 当代日本人对湖南的认识

俞敏浩[*]

## 一、前言

湖南位处中国大陆中心,距离日本遥远,但在文化以及人员交流方面,她与日本有着非常深厚的历史渊源。古时潇湘八景传入日本后对日本文化产生的深远影响以及晚清民初一批湖南爱国青年留学日本后成长为中国民族民主革命的先锋和主力是最为人熟知的典型案例。

那么当代日本与湖南的关系处于何种状况呢?日本社会是如何认知湖南以及湖南文化,而这些认知是通过什么样的渠道形成的呢?把握这些情况不仅对加强湖南与日本的相互理解有帮助,也为湖湘文化走出国门,塑造良好的品牌形象提供一个必不可少的基础认知。

## 二、湖南与日本民间交流现状

如前文所述,历史上湖南与日本并不陌生。经过数十年的隔绝后,随着中国的改革开放政策的实施,湖南与日本的经贸、文化、人员交流

---

[*] 作者简介:俞敏浩,名古屋商科大学,研究方向为中日关系、东亚国际关系史。

重新起航。目前湖南与日本民间交流的现状可从以下几个方面来把握。

(一) 友好城市

友好城市是一项重要的民间交流形式，它不仅具有巩固并推动政府层级关系的功能，政府关系恶化时有时还可以起到稳定器的作用。在中日间的城市交往方面，沿海和东北各省市因历史及地理原因处于有利地位，但是湖南也不甘落后。1983年湖南与滋贺县缔结省级友好城市关系以来，截至2013年湖南与日本各地共结成13对友好城市（省）。

值得一提的是，湖南与日本之间交流活跃的友好城市较多。早在2009年的湖南友好城市工作会议上，省外事侨务办主任肖祥清将"湘潭与日本彦根市"、"衡阳与日本栗东市"、"娄底与美国拉姆西市"列为"交往很好的友好城市"，省一级"好姐妹"则为法国中央大区、德国萨尔州和日本滋贺县。理由是"双方的高层互访频繁，有比较突出的实质性经贸、教育、文化交流合作项目，双方交流来往密切"[1]。

湖南与滋贺县的交流活动堪称是友好城市的典范。作为湖南省在海外的第一个省级友好城市，滋贺县与湖南在学生交流，环境保护，旅游商务，农业技术等方面一直维持着良好的合作关系。总部位于滋贺县的平和堂株式会社20世纪90年代进军中国，首先落脚长沙在一定程度上是被两地的友好城市关系推动的。2019年7月18日，为促进观光旅游，经商方面的合作，滋贺县在长沙开设了"滋贺县诱客经济促进中心"[2]。该中心的主要业务包括为在中国开展水环境商务活动的滋贺县内企业提供服务，以及促进滋贺县农副产品在中国的销售。

---

[1] "湖南及长株潭友好城市一览 株洲有5个"，http：//www.zznews.gov.cn/news/2012/0615/77476.shtml，2020年8月14日登录。

[2] "中国・湖南省に誘客や貿易振興の拠点 滋賀県"，《日本経済新聞》2019年7月18日。

表1 湖南—日本各地友好城市一览（截至2013年5月）

| 日本 | | 湖南 | 缔结日期 |
| --- | --- | --- | --- |
| 北海道 | 赤平市 | 汨罗市 | 1999.9.30 |
| 静冈县 | 沼津市 | 岳阳市 | 1985.4.5 |
| 岐阜县 | 瑞浪市 | 醴陵市 | 1987.1.14 |
| | 大野町 | 邵阳市 | 1996.10.7 |
| 滋贺县 | 彦根市 | 湘潭市 | 1991.11.1 |
| | 栗东市 | 衡阳市 | 1992.10.7 |
| | 甲贺市 | 张家界市 | 2018.11.26 |
| 德岛县 | 鸣门市 | 张家界市 | 2011.10.25 |
| 鹿儿岛县 | 鹿儿岛市 | 长沙市 | 1982.10.30 |
| | 雾岛市 | 浏阳市 | 2007.10.19 |
| 滋贺县 | | 湖南省 | 1983.3.25 |
| 德岛县 | | 湖南省 | 2011.10.22 |

资料来源："日本与中国的友好城市"，日本中国友好协会网站。

## （二）旅游

随着湖南经济的快速发展，居民可支配收入的稳定增长，近年来湖南人境外旅游热也逐步升温。据有关统计数据，2018年上半年最受湖南游客欢迎的国家依次为泰国、越南、印度尼西亚、新加坡、马来西亚、日本、柬埔寨、菲律宾、澳大利亚、俄罗斯[①]。2018年国庆长假人气排名前十的出境游国家（地区）则依次是泰国、日本、中国香港、越南、新加坡、中国台湾、韩国、印度尼西亚、马来西亚、美国[②]。

---

[①] "潇湘旅游数据研究中心成立 出境游湖南人钟爱泰国"，https：//baijiahao.baidu.com/s? id=1601397999338016265&wfr=spider&for=pc，2020年8月14日登录。

[②] "湖南2018国庆假期旅游大数据公布 湖南人最爱这里"，http：//hn.people.com.cn/n2/2018/1009/c356338-32133941.html，2020年8月14日登录。

2019年春节期间人气最高的前十大目的地依次是泰国、越南、印度尼西亚、马来西亚、菲律宾、日本、柬埔寨、中国香港、新加坡和缅甸①。可见湖南人偏爱距离相对较近的东南亚国家作为出境旅游目的地，而日本算是东南亚国家以外最有人气的出境旅游目的地了。

入境旅游方面，2018年湖南全省接待入境游客共365.1万人次（包括港澳台同胞），入境游客排名前10位的国家依次是韩国、日本、马来西亚、美国、泰国、英国、越南、新加坡、德国、俄罗斯②。上述入境游客人数包括港澳台同胞，扣除这一部分，外国游客人数（包括华侨）则是178.7万人次③。据《湖南统计年鉴2019》，近几年来自日本的游客人数（包括华侨）快速增长，仅三年就增长了将近一倍④。

表2　近几年湖南接待日本游客人数（人次）

| 2013年 | 2014年 | 2015年 | 2016年 | 2017年 | 2018年 |
| --- | --- | --- | --- | --- | --- |
| 33072 | 74916 | 43335 | 66575 | 98157 | 125885 |

数据来源：《湖南统计年鉴2019》、http：//222.240.193.190/19tjnj/indexch.htm，2020年8月14日登录。

## （三）其他民间交流

除了短期滞留的游客以外，常驻外国人的规模也是衡量两地间民间交流的一个重要指标。常住人口指的是，出于学习、工作或家庭生活的

---

① "湖南人的春节长假：足迹遍布全球207个目的地，最爱去泰国"，http：//hn.people.com.cn/n2/2019/0214/c195194-32636834.html，2020年8月14日登陆。
② "湖南入境游大有可为"，https：//www.sohu.com/a/317724771_99985683，2020年8月14日登录。
③ 《湖南省统计年鉴2019》，http：//222.240.193.190/19tjnj/indexch.htm，2020年8月14日登录。
④ 国别入境游客人数方面，《湖南统计年鉴2019》没有把韩国、马来西亚单独列出来，这两个国家都包括在了"其他"里面。

理由，在国外居住一定期间（中国是六个月，日本则是三个月）以上的人员。遗憾的是无论是湖南还是日本在这方面都缺少官方的统计数据。在日本，2011年废止外国人登录证制度，改为外国人在留卡制度后，官方就没有对在日华人按籍贯进行统计，因此我们无法了解2012年以后在日湖南籍人员的准确人数。据2011年的法务省统计，在日华人总数达到了约67.5万人，其中湖南籍华人只有5106人。2011年之前在日湖南籍华人的人数增长也不快，且增长率逐渐呈减少之势（表3）。2019年在日华人总数增至约81.4万人（不包括取得日本国籍者），比2011年增长了20%[①]。综合考虑，我们估计目前在日湖南籍人员最多也不会超过一万人。

表3  在日湖南籍华人人数（2006~2011）

| 2006年 | 2007年 | 2008年 | 2009年 | 2010年 | 2011年 |
| --- | --- | --- | --- | --- | --- |
| 3457 | 3896 | 4397 | 4777 | 5010 | 5106 |

资料来源：日本法务省网站。

在华日人方面，我们也有理由认为在华日人主要分布在东北和沿海省份。因为在华日人的两大主力是留学生和商务人员，而中国接收外国留学生最多的大学以及日本投资中国的企业大多分布在东北和沿海各省。

总之湖南人在日本或日本人在湖南的常住人口规模都非常有限，这是限制湖南与日本民间交流进一步发展的不可忽视的因素。

尽管如此，无论在日本或是在湖南，都有一些民间自发的团体以各

---

① 日本法务省《在留外国人統計（旧登録外国人統計）統計表》，http：//www.moj.go.jp/housei/toukei/toukei_ichiran_touroku.html，2020年8月15日登录。

自的方式开展民间交流活动。比如，湖南有湖南日本人会（会员人数约 100 名，截至 2018 年 12 月），日本有日本湖南人会，湖南同乡会等民间组织。其中比较活跃的有 2013 年 2 月成立的日本湖南总商会（日本湖南发展促进会）。该会成立后多次派团参加了湖南省政府举办的各种商业文化活动，积极组织商会交流，推进中日投资项目，接待了湖南省政府各种访日团体。

## 三、日本经济界对湖南的认识

长期以来日本经济界十分关注中国经济动向，每年都有数量可观的相关调研报告出台。遗憾的是笔者调查过的日本主要经济团体、智库近几年公开发表的调研报告书中，没有一部是专门针对湖南经济、投资环境的[①]。如前所述，日本对华贸易投资活动比较集中的地区是东北和沿海省份，与中西部省份的交流关系相对薄弱，因此日本经济界相对来讲更关心沿海和东北地区。包括湖南的中西部各省往往只是作为中部地区或西部地区之一部分来对待，鲜有以湖南为专题的调研报告也不足为奇了。

鉴于此，本文扩大了经济界的范畴，把具有官方背景的独立行政法人日本贸易振兴机构（JETRO）以及在中国成立的第一家在华外国商会——中国日本商会也包括进来。日本贸易振兴机构在北京、上海、广州、大连、青岛、成都、武汉、香港等主要城市设有代表处，而这些办事处向总部汇报各地的经贸相关讯息，为日本企业、产品开拓本地市场提供咨询服务。设在武汉的办事处的职责范围是包括湖南的中部地区六

---

① 有的经济团体和智库采取会员制，只对会员提供有价值的信息服务，而这部分信息未能包括在笔者的调查范围内。

个省份。因此通过日本贸易振兴机构武汉办事处发布的信息，我们可以部分地了解到日本经济界是如何认识湖南的。中国日本商会则成立于1991年，它的主要业务中包括："为会员企业开展业务活动提供有用的信息"以及"代表会员向日本政府、经济代表团等介绍当地情况，提出建议和要求"等内容①。该商会每年发表《中国经济与日本企业白皮书》，对中国各地的经济发展现状，经商环境，当地日企面临的主要问题等做汇总。笔者还收集了一些在湘日企接受媒体时的访谈记录，这些访谈中透露出的日企对湖南的看法，也是我们了解日本经济界如何认识湖南的一个重要线索。

（一）湖南经济概况

对于湖南经济，中国日本商会每年发布的《中国经济与日本企业白皮书》中均有涉及。这几年该商会对湖南经济的总体评价一贯是，"经济稳步发展，经济增长率高于全国平均"，"第三产业，尤其是服务业快速发展"。2018年版开始进一步强调"汽车等制造业，高新技术产业增长迅猛"，"对外贸易涨势强劲"等。不过该白皮书仅停留于描述湖南经济发展势头，对于湖南的经商环境、日企面临的问题等却没有具体提到②。从介绍文章的篇幅和内容来判断，该白皮书介绍的17个省份中，湖南与邻近的江西是"受关注程度最低"的省份。

对湖南经济重视不足的问题也表现在日本贸易振兴机构武汉办事处的调研报告书上。该办事处在网站上公布的湖南概况是完成于2015年8月的材料。这部题为《湖南省、长沙市概况》的介绍材料中，除了介绍长株潭城市群在湖南经济中占举足轻重的地位之外，只列出湖南经济

---

① 中国日本商会网站，http://cjcci.org/cjactivities/cnindex/，2020年8月15日登录。
② 中国日本商会编《中国经济与日本企业白皮书》各年版。

的一些统计数据和在湘主要日企名单。不过该文件对长沙的消费市场情况做了比较细致的介绍，并指出在中国内地城市中长沙是人均可支配收入最高的城市[①]。不管怎样，湖南以及长沙的经济发展日新月异的当下，时过五年仍没有更新相关介绍材料，间接反映了日本经济界总体上对湖南的重视不足。

(二) 投资环境及发展前景

2019年11月16日，在长沙举办了对日招商投资环境推介会，参会的一些日方人员就长沙的投资环境优势做了点评。如广汽三菱的日方总经理指出，"长沙的硬件、软件都取得长足发展，尤其是航空、高铁、高速公路等交通设施的发展，拉近了长沙与世界的距离。软件方面，政府服务水平不断提高，长沙的用工成本比沿海有更大竞争力"。住友橡胶（湖南）有限公司的日方总经理则认为，"吸引他的是长沙纵横交错的高速公路、高速铁路网，完备的产业基础、强大的产业集群、以及丰富的人才资源"。他称赞长沙市政府出台了多项举措帮助企业降低运营成本，称政府提供的是全流程、高效率的"保姆式"服务。另外，毕马威全球日本业务发展中心和TOA（中国）电器有限公司的日方代表都指出长沙高校云集，人才资源丰富，人才优势明显[②]。

上述日方人士眼中的长沙的投资环境优势可以简单概括为，便捷的交通，良好的产业基础，丰富的人才资源以及政府的扶持。日本贸易振兴机构武汉办事处则指出了湖南的地理优势。据它分析，首先湖南离广东比较近，在内陆省份中算是出海比较方便的一个。其次，在汽车以及

---

[①] "湖南省、長沙市概况"（2015年8月），日本貿易振興機構（ジェトロ）武漢事務所，https://www.jetro.go.jp/ext_images/_Reports/01/5de532f8c1eb1896/20150070.pdf，2020年8月15日登陆。

[②] "创新长沙潜力满满！日资企业纷纷点赞"，《长沙晚报》（2019年11月16日），https://www.icswb.com/h/168/20191116/629364.html，2020年8月15日登陆。

零部件制造产业上,长沙周围有一批制造中心。以长沙为中心方圆300公里内有武汉和南昌,方圆800公里内有广州,重庆,郑州等国内主要的汽车制造业中心城市。对于长沙来说,这些地理条件有利于构建区域性生产网络并有效地利用该网络发展自己的汽车制造业。此外,日本贸易振兴机构武汉办事处还指出,相较于沿海城市湖南的平均工资水平还处于比较低的水平。如2018年广州的最低月工资为2100元,而湘潭的最低月工资为1390元,仅占广州的66%[①]。

表4 日本企业在湖南的投资规模（2011~2018年）

| 年 | 投资项目数 | 实际利用外资额（万美元） |
| --- | --- | --- |
| 2011 | 11 | 14188 |
| 2012 | 12 | 19744 |
| 2013 | 9 | 32564 |
| 2014 | 16 | 25420 |
| 2015 | 23 | 35140 |
| 2016 | 26 | 46685 |
| 2017 | 26 | 44547 |
| 2018 | 2 | 68629 |

资料来源:《湖南统计年鉴》2012~2019年版。

### 四、日本新闻媒体对湖南的报道

日本国内有《读卖新闻》《朝日新闻》《日本经济新闻》《每日新闻》《产经新闻》等五家全国性报纸以及为数众多的地方性报纸和专业

---

① "湖南省で初の日中自動車部品商談会を開催",（2018年9月28日）,https://www.jetro.go.jp/biznews/2018/09/3473e5eeec09a881.html,2020年8月15日登陆。

报纸。其中《读卖新闻》的发行量最大，《朝日新闻》次之。除了《日本经济新闻》侧重于经济新闻的报道，具有鲜明的特点以外，其他全国性报纸之间在版面设计，主要新闻内容的筛选上并没有太大的区别，但是这些报纸在一些敏感问题上表现的价值倾向上差别还是比较明显。一般来讲《读卖新闻》倾向保守，《朝日新闻》则比较"进步"。这些全国性报纸除了全国版以外①，在每个县（相当于中国的省级行政区域）发行地方版面，向读者提供当地新闻。

那么近年来上述日本媒体是如何报道湖南的呢？它们给日本民众呈现的又是什么样的湖南形象呢？

首先，我们来看看近年"湖南"在日本主要报纸的报道中出现的次数，即以"湖南省"为检索词检索出的文章数量及其变化。以"湖南省"为检索词检索出的文章中不可避免地掺杂很多实际上与湖南省没有多少关系的文章，但它在某种程度上还是能够反映湖南受关注的程度及其变化趋势。

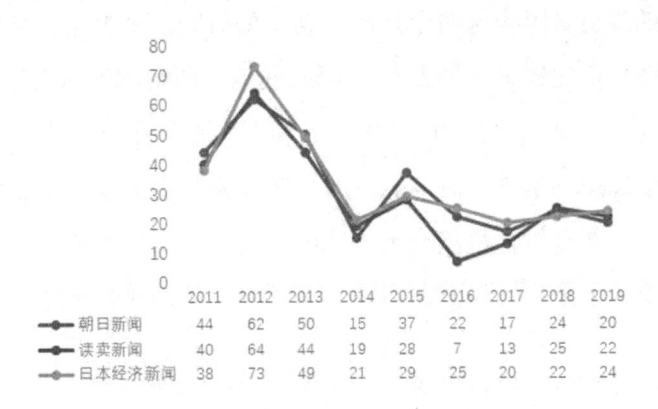

| | 2011 | 2012 | 2013 | 2014 | 2015 | 2016 | 2017 | 2018 | 2019 |
|---|---|---|---|---|---|---|---|---|---|
| 朝日新闻 | 44 | 62 | 50 | 15 | 37 | 22 | 17 | 24 | 20 |
| 读卖新闻 | 40 | 64 | 44 | 19 | 28 | 7 | 13 | 25 | 22 |
| 日本经济新闻 | 38 | 73 | 49 | 21 | 29 | 25 | 20 | 22 | 24 |

**图1 日本主要全国性报纸中有关"湖南省"的文章数量变化（2011~2019）**

资料来源：《朝日新闻》《读卖新闻》《日本经济新闻》数据库。

---

① 全国版也分几种，如东京版、大阪版等。

图1显示日本主要报社之间对"湖南省"的关注程度不存在很大差异，而且它们对湖南的关注程度的变化基本上呈现相同的趋势。上述数据是全国版和地方版数据的总和。如果仅限于全国版的话，从2011年到2019年，《朝日新闻》《读卖新闻》《日本经济新闻》中有关"湖南省"的文章分别是207篇、159篇、301篇①。可见日本主要报社中，关注湖南最多的是以报道经济新闻见长的《日本经济新闻》。

接下来，我们以《朝日新闻》为重点分析日本报纸对湖南的具体报道内容。选择《朝日新闻》是因为它一贯重视中国且擅长从不同的角度报道中国。相比来说，《日本经济新闻》中涉及"湖南省"的文章数虽然最多，但关注的角度比较单一，多是非常简单的企业动态消息。

日本全国性报纸的全国版和地方版的新闻侧重点不同。全国版侧重于事件报道，地方版侧重于民间交流和文化活动，《朝日新闻》也不例外。2011至2019年间，《朝日新闻》有关湖南的文章共291篇中，地方版占了84篇。而地方版的报道中，数量最多的是滋贺县和德岛县地方版关于湖南的报道。因为这两个县都是湖南的省级友好城市，县内的市级友好城市数量也比较多（见表1），因此两地与湖南的民间文化交流活动较多，也容易见报。如，2012年德岛县和湖南之间开辟了对飞包机航线，这一项目从设想到实现，后来暂时的中断和恢复都成了当地报纸持续关注的焦点。还有滋贺县每年夏天举行的龙舟赛，媒体报道该赛事时总会提到该赛事的由来——即1991年湖南省赠送滋贺县两艘龙舟②。

---

① 《日本经济新闻》没有地方版，但旗下拥有一批行业报纸。
② "びわこペーロン、暑さも吹き飛ぶ 61チーム800人参加"，《朝日新聞》（滋賀県），2019年8月26日。"太鼓に合わせ、湖上駆ける びわこペーロン、65チーム参加"，《朝日新聞》（滋賀），2016年8月22日。"そーれ、そーれ、37組が競う びわこペーロン"，《朝日新聞》（滋賀県），2014年8月31日。"手こぎボート'そーれ'、600人汗 びわこペーロン"，《朝日新聞。（滋賀県），2013年8月11日。

湖湘文化与日本（琉球）

最近的例子中报道比较多的是"民间口罩外交"。2020年初中国国内爆发新冠病毒疫情后日本各地向中国赠送了口罩等大量的援助医疗物资，此后随着疫情在日本蔓延，受过援助的中国各地相继给日方提供了援助物资，书写了一段动人的"中日民间口罩外交"，这也都成了这段时间媒体报道的热点新闻。结果，湖南省以及省内各市的名字也经常得以见诸报端①。这些报道无疑有助于在日本民众中塑造良好的湖南形象。遗憾的是后来从湖南出口到滋贺县的医用口罩中发现了一些产品不符合质量标准的问题②，一定程度上损害了"民间口罩外交"的成效。

《朝日新闻》地方版中关于湖南的报道多属于正面消息，有利于促进两地人民友好交流，不过它们的读者毕竟局限在当地居民，不具有全国性影响。

相比而言，《朝日新闻》全国版关于湖南的报道多侧重于事件性报道，如在华日本人被捕事件、民权人士被捕事件、恐怖刑事案件、政治社会问题、反日游行等涉外事件等。

2012年9月，日本政府发表钓鱼岛国有化措施后国内各大城市掀起了民众自发的反日游行以及抵制日货运动。9月15日，一万名左右的民众聚集在日资商场长沙平和堂百货周围，一部分人闯入商场内进行打砸抢，迫使平和堂关闭一个半月，造成18亿日元的经济损失。该事

---

① "中国の友好都市に備蓄マスク1万枚　東近江市贈呈へ"，《朝日新聞》（滋賀県），2020年1月31日。"県から湖南省へ、医療用手袋贈る　新型肺炎"，《朝日新聞》（滋賀県），2020年2月22日。"湖南省から県にマスク'お返し'　新型コロナ"，《朝日新聞》（滋賀県），2020年3月25日。"（天声人語）コロナの暗く長い闇"，《朝日新聞》，2020年3月27日。"（新型コロナ）友よ、マスク感謝　中国から'出入相友・守望相助'"，《朝日新聞》（京都），2020年4月16日。"中国からマスク2万枚届く　蔓底市から三好市に"，《朝日新聞》（徳島県），2020年4月27日。"県が福祉施設に医療マスク配布"，《朝日新聞》（滋賀県），2020年5月22日。
② "県配布マスク、一部に不良品"，《朝日新聞》（滋賀県），2020年6月20日。

79

件在日本广受瞩目，包括《朝日新闻》在内的日本媒体对此事件的来龙去脉进行了一系列追踪报道①。这是2012年在日本主要媒体中湖南的曝光率达到了近年来峰值的主要原因（见图1）。

此后，《朝日新闻》报道的跟湖南有关的社会问题依次为浏阳市的"痛痛病"②，衡阳市人大贿选丑闻③，长沙市街头杀人案④，在华日人被捕事件⑤等。必须指出的是，日本媒体报道发生在湖南的上述政治社会问题并不是出于什么特定的政治目的，类似的事件无论发生在哪里，都会是日本媒体热衷的报道题材。

除了上述事件性报道以外，"战争的记忆"也是湖南经常被媒体提起的题材之一。《朝日新闻》在对待日军侵华历史问题上一向立场鲜明地主张正视历史，反对否认侵华事实。自然地，与其他全国性大报相比，对战争的回忆文章更频繁出现在《朝日新闻》的纸面。这些文章的作者大多是当年经历过战争的老军人以及他们的遗属。众所周知，湖南战场是抗日战争中持续时间最长、战争最激烈、日军损失最多的中国

---

① "中国くすぶる反日　日系店、対策に現地社員'日本嫌い変わらない'デモ暴徒化1年"，《朝日新聞》朝刊，2013年9月12日。"平和堂、全店舗を再開　中国"，《朝日新聞》（大阪）朝刊，2012年11月12日。"平和堂、中国の2店再開　デモ被害から1カ月半"，《朝日新聞》夕刊，2012年10月27日等。
② 吉岡桂子："（波聞風問）'毒大陸'痛み・怒り、立ち上がる人々"，《朝日新聞》朝刊，2013年11月17日。
③ "選挙で不正、市議512人辞職決定　中国・湖南省"，《朝日新聞》朝刊，2013年12月30日。
④ "中国の市場で無差別切りつけ　容疑者を射殺・拘束か　3人死亡"，《朝日新聞》夕刊，2014年3月14日。"商店街で切りつけ、5人死亡　中国・長沙、容疑者は射殺"，《朝日新聞》朝刊，2014年3月15日。
⑤ "中国、7月に邦人拘束　湖南省で50代男性"，《朝日新聞》朝刊，2019年11月28日。

主战场。这些回忆战争的文章中不少就涉及了湖南战场①。

## 五、日本学术界对湖南的关注

在日本发行的学术性杂志、图书中，寻找与湖南有关的论著并不困难。如果不限定主题、发行时间，那么跟湖南有关的各种论著可达到相当可观的数量。

不过详细介绍日本学术界对湖南的认识是一项非常困难的事情。首先，湖南是一个历史悠久、人口众多、文化昌盛、地貌多样的省份，因此不同专业领域的学者都能从各自的专业兴趣出发，找到自己感兴趣的研究题目。自然地，有关湖南的论著所涉及的领域就异常多样，横跨文化人类学（如湘西少数民族研究）、近现代政治史、农业经济、产业经济、教育学、古代史、考古学、地质地理学等等。显然，仅凭笔者一个人的力量是无法涉猎题材如此广泛的研究成果的。其次，日本学术界非常擅长中国研究，长期以来积累了浩如烟海的相关学术成果。湖南研究作为中国研究之一部分也有很长的历史，比如日本人很早就开始研究潇湘八景，并积累了数目庞大的相关研究成果②。当然，本文要介绍的是当代日本人的湖南认识，应该说没有必要介绍学术界过去的研究成果。但问题是，学术研究不同于媒体报道、企业活动，它具有很强的承先启

---

① "（声）語りつぐ戦争　首に銃弾、戦場は命の争奪戦"，《朝日新聞》朝刊，2016年7月18日。"（反骨の記録：37）重慶発ラジオ放送"，《朝日新聞》夕刊（大阪），2016年6月16日。"（声）語りつぐ戦争　攻略した街、殺し合いを実感"，《朝日新聞》朝刊，2016年1月18日。"（声）戦病死の兄、手紙でしのび涙"，《朝日新聞》朝刊，2015年4月29日。"（声）語りつぐ戦争　幼心に引け目感じた父の戦死"，《朝日新聞》，2013年10月22日等。

② 具体参见，冉毅：《日本"潇湘八景"研究综述》，《湖南科技学院学报》第38卷第2期，2017年2月。

后的性质,仅仅划出最近一段时间介绍该时期研究的做法并不能客观全面地反映当代日本学术界对湖南的认识。

鉴于此,作为代替方案,笔者选取了 2010 年以后刊行的具有一定影响力的三部论著,拟做重点介绍。笔者认为这些论著或许能初步地反映近年来日本学术界研究湖南的基本动向。

第一部论著是日本著名作家石川好于 2010 年撰写的《湖南省与日本的交流素描》[①]。作者在书中首先指出,"中国的一个省,无论在人口、土地还是历史方面,都足以与一个国家相匹敌。如果让日本人在各地文化和历史全部理解的基础上再认识中国,恐怕过于困难。对日本人来说,与其认识一个整体的中国,不如去认识单个的省份,认识其土地与历史文化,这样更利于促进经济交流和文化交流。作者认为历史悠久、并且拥有以张家界为首的旅游资源和地下资源,尤其是人才丰富的湖南省,在当前日本却并不广为人知,在日中交流不断发展的当前,让人感到不可思议"。因为在交通极为不便的明末清初"湖南省和日本曾经有着让人难以置信的密切关系"。从 20 世纪初到 20 世纪 10 年代,在日本最有名的是湖南省,同时在中国,最热衷于研究日本的地方也正是湖南省长沙市。接着,作者详细介绍了黄兴和宋教仁、毛泽东等与宫崎滔天等日本人的交流情况,当时日本接收中国留学生的细节,以及德富苏峰、宇野哲人、芥川龙之介、宫下森等日本文化界名人对湖南的认识等。最后作者指出如此良好的交流因日本的侵华行动升级被迫中断,"近代日本和湖南省之间萌发的友谊之花,在战火中凄惨地凋零了"。

第二部论著是中国近现代史学家藤谷浩悦的《湖南省近代政治史研究》(汲古书院,2013 年)。由于 19 世纪中叶以来湖南在中国近现代

---

① 石川好:《湖南省と日本の交流素描》,日本侨报社,2010 年。

史上留下了浓墨重彩的一笔，日本中国近现代史家们很早就开始关注湖南，相关学术成果也颇丰。藤谷浩悦的著作是在近现代史领域最新的一部专著。这部长达881页的厚重的专著关注的是1904年至1913年的湖南政治史。它梳理了这一时期随着列强的侵入，以及清政府的集权政策的实施，地方社会上的各种规范受到冲击，地方乡绅分化为保守势力和开明势力，其主导的"公议"则逐渐失去其功能，咨议局成为清政府和湖南地方乡绅交涉的主要舞台的过程。该书还分析了反清武装力量中起重要作用的会党的"末劫论"，指出会党实际上追求的是传统规范的回归。以中国同盟会为中心的革命势力利用民众的造反行动和能量推翻了清王朝，但是革命势力追求的传统规范的颠覆和民众追求的传统规范的回归之间存在很大的龃龉，中华民国时期政治社会长期动荡的根本原因就在于此。这部书出版以后很快就受到学术界的瞩目。《东方》《中国研究月报》《东洋史研究》《历史评论》等权威学术杂志纷纷邀请该领域的权威学者为此书撰写了书评[1]。

第三个要介绍的其实不是一部论著，而是日本学者对湘西苗族对歌文化的研究概况。主导这一研究的是国文学者工藤隆和真下厚。最早是工藤隆于2006年对六月六苗歌节进行田野调查的基础上，发表了一篇"中国湖南省凤凰县苗歌节调查报告"[2]。次年工藤、真下等承担了万叶古代学研究所的委托研究项目"万叶歌与声歌的比较研究"，作为此研

---

[1] 古谷創：《反時代的律儀さ：藤谷浩悦著<湖南省近代政治史研究>を読む》，《東方》No.403，2014年9月。吉澤誠一郎：《書評 藤谷浩悦著 汲古書院<湖南省近代政治史研究>》，《中國研究月報》，2014年9月。阿南友亮：《書評 藤谷浩悦著<湖南省近代政治史研究>》，《東洋史研究会》73（3），2014年12月。田中比呂志：《書評 藤谷浩悦著<湖南省近代政治史研究>》，《歷史評論》No.783，2015年7月。

[2] 工藤隆：《中国湖南省鳳凰県苗族歌垣調査報告》，《アジア民族文化研究》No.7，2008年3月。

究项目的一部分，他们对湘西苗族的歌文化进行了两次田野调查，并于2010年撰文发表了他们的调查结果①。2010年3月，真下再一次访问凤凰县，对苗族的恋爱风俗进行了田野调查后，次年把调查结果发表在《亚洲民族文化研究》杂志上②。此后，真下把研究重点放在苗族的恋爱与对歌的关系，与人合作发表了一系列相关文章③。

## 六、结语

本文主要依据公开发表的资料，对日本经济界、媒体、学术界对湖南的认知进行了初步考察。总的来看，湖南在日本的学术界知名度最高。在日本经济界，湖南尽管知名度不高，但初步形成了一个具有潜力的市场以及制造业中心的形象。媒体的地方版，尤其是在滋贺县等友好城市，湖南展现给日本民众的是友善的文化使者形象。在媒体的全国版，湖南经常作为一些政治社会事件的发生地被报道出来。

不过，近年来纸质媒体影响力日渐式微，对日本民众尤其是年轻人更具影响力的是油管、推特、Tik Toc 等社交媒体。据笔者了解，不少日本人是通过油管等社交媒体了解到湖南绚丽的自然景观，浓郁的少数民族风情后萌生去湖南旅游的想法。笔者认为，社交媒体在塑造日本民众对湖南的认识上发挥多大的作用以及它塑造的是什么样的湖南形象是值得进一步研究的重要课题。

---

① 工藤隆：《中国湖南省苗族歌文化調查報告》，《万葉古代学研究所年報》，No.8，2010年3月。
② 真下厚：《中国湖南省鳳凰県ミャオ族の恋愛習俗》，《アジア民族文化研究》No.10，2011年3月。
③ 真下厚、張正軍：《中国湖南省鳳凰県苗族の歌掛け文化》，《アジア民族文化研究》No.14，2015年3月。真下厚、張正軍、富田美智江、唐建福：《中国湖南省鳳凰県苗族の恋人争いの歌掛け》，《アジア民族文化研究》No.15，2016年3月等。

# 湖湘文化与古代朝鲜半岛及韩国

# 朝鲜古代诗话的湖湘文化情结

蔡美花[*]

"诗话"作为一种源于中国古代的批评样式,繁荣于宋元明清,且衍生出古代朝鲜诗话、日本诗话和越南诗话,形成了与儒家文化圈、佛教文化圈交相辉映的东亚汉文化诗话圈(通称"东亚诗话")。"东亚诗话"是中国传统文化"走出去"的历史实证,无论是其在结构形态、言说方式与批评对象等外在的感性层面,还是其在诗学理念、审美取向与运思逻辑等内在的理性追求上,都流溢出浓浓的中国情结,记载着中华文明的光辉历史及其对东亚世界的深远影响和杰出贡献。朝鲜古代诗话的发生自有其民族文化历史积淀的内在诉求,而其最终得以形成的外部因素则源自中国文化的潜在影响。朝鲜古代诗话并非中国传统的批评样式在东亚各国汉文学语境中机械而简单的"历史回现",而是对中国的诗话传统自觉地进行了有选择的汲取,进而构筑成颇具地域文化韵味的诗话批评形式。朝鲜古代诗话是中国与朝鲜半岛在平等的对话交流中进行彼此理解,进而促成各自文化意义的增殖与再生的最鲜明的例证。同时,从另一个侧面彰显出,朝鲜古代诗话对中国古代社会的物质

---

[*] 作者简介:蔡美花,湖南师范大学,研究方向为朝鲜韩国文学与文化研究。

文明与精神文明都怀有极大的热情，并对之进行了全面而多元的呈现与阐释。

本文以《韩国诗话全编校注》为文献依据，以朝鲜古代诗话中对湖湘文化①的接受和认知为切入点，探讨朝鲜古代诗话中的中国文化因子。湖湘文化作为一种带有鲜明的地域特色、相对稳定且极具传承性的历史文化形态②，在中国传统文化乃至中国的近现代文明中，都同样具有举足轻重的地位与价值。从朝鲜古代诗话中可以看到朝鲜古代文人对两宋以来的湖湘文化有着极高的认同度。本文通过对朝鲜古代诗话所呈现的湖湘自然风物、湖湘儒家精神和湖湘诗人创作的探究，进一步发掘中国传统文化在朝鲜半岛传播过程中所产生的增值效应及其所生成的新的文化特质。

## 一、朝鲜古代诗话对湖湘自然风物的诗意呈现

文化的传播主要表现为，一种文化的事相及其所蕴含的特定文化精神借由一定的传播方式，在另一种文化中逐渐流播开来，并对接受者产生持续而积极的影响，甚至对其民族文化心理具有一定的构筑功能。与古代朝鲜半岛相比较，中国在东亚，甚至在当时的世界版图中始终处于

---

① 湖湘文化，有广义与狭义之分。广义的湖湘文化是指湖南省区范围内历史上所有的文化现象，既包括以氏族血缘为基础的部族文化，又包括以政区地缘为基础的地域文化。狭义的湖湘文化仅指统一的中华文化形成后的地缘区域文化，即和湖南省地区行政区相对应的文化区，是指唐宋以后所形成的湖南地区的地域性历史文化。本文采用狭义的湖湘文化定义。

② 湖湘文化从北宋末年到近代经历了一个由盛到衰再到盛的过程；唐宋时期出现了第一次高潮，岳麓书院成为群贤毕至，人文荟萃的地方，朱、张在这里展开的"中和之辩"，史称"朱张会讲"。这一时期湖湘文化盛极一时，其内容涉及道学思想、阴阳对立的矛盾观、"天理人欲同体异用"理欲观、力行致用的知行观和"留心经济之学"等方面，都有重大建树。到南宋时期，战乱不断，湖湘文化的发展因此受挫。湖湘文化包括推崇理学、强调经世致用、主张躬行实践三大要素。

某种领先地位，古代朝鲜半岛自然而然将与之山水相依的中国视为典范，这主要源于当时中国社会文化的高度发展。世界历史的发展早已证明，某种文化的流播，绝非依仗强势灌输，而是凭借其优良的文化特质，潜移默化地为他者文化所自愿自觉地接受。正是由于对中国文化油然而生的认同感，朝鲜古代诗家自觉不自觉地对中国社会的各种现象都进行了诗意的呈现。除林林总总的文学现象外，当时中国社会的衣、食、住、行等各类文化，都可以在朝鲜古代诗话中找寻到其历史的印痕。特别是对中国山水景观与民俗风情的记载与描绘，为中国文化遗存了诸多鲜活的历史记忆。

朝鲜古代诗话对中国古代社会现象的介绍与描绘，可以说涵盖了中国社会的方方面面。纵观整部《韩国诗话全编校注》，湖湘文化无疑是其中浓墨重彩的一笔。作为"自我"的湖湘文化，被作为"他者"的朝鲜古代文人进行了一定程度的"缺席想象"，如"洞庭湖""岳阳楼""衡山"等湖湘地区的自然景观在朝鲜古代文人的笔下频繁出现，并常常作为湖湘文化的某一种"隐喻"而被赋予了相对稳定的意旨，表露出朝鲜古代文人对两宋以来的湖湘文化有极高的认同度。

朝鲜古代文人笔下的湖湘自然风物，绝大部分源于"潇湘八景"①。朝鲜朝文人张维曾感慨道："潇湘八景之胜擅名海内，古今诗人赋咏不胜其多"②，足见以"潇湘八景"为代表的湖湘自然风物在朝鲜文坛的普及度与影响力。朝鲜古代文人笔下所写"潇湘八景"又以"潇湘夜

---

① 潇湘八景，相传为潇湘一带的湖南八处佳胜。为宋沈括《梦溪笔谈·书画》中所描述："度支员外郎宋迪工画，尤善为平远山水，其得意者《平沙落雁》《远浦归帆》《山市晴岚》《江天暮雪》《洞庭秋月》《潇湘夜雨》《烟寺晚钟》《渔村夕照》，谓之八景。好事者多传之。"历代皆有才子追和，是我国近古时代著名的诗画绘咏图式。

② 张维：《谿谷先生集卷之七·序 十六首·成庙御制潇湘八咏帖序》。

雨""洞庭秋月""平沙落雁"三个主题居多①，因而"潇湘""洞庭湖""衡山"也就往往成为朝鲜古代诗话中频频论及的自然风物。

（一）朝鲜古代诗话中的潇湘美景

潇湘既指湘水、潇水，又代指湘江全流域的广阔空间。不论是缠绵不断的夜雨，抑或是蜿蜒曲折的潇湘之水都十分契合文人墨客那百转千回与绵延不绝的愁思，雨落潇湘的夜景也成为旧时中国文人借以寄情的著名景观。由此生发的诸多吟咏之诗成为中国古代叙写愁志哀情的经典之作，同时，也进入到朝鲜诗家的批评视野，如南梁柳恽《江南曲》中的"洞庭有归客，潇湘逢故人"被崔致远化用作"而沧海外蹑潇湘故事，则亲旧缘固不浅"②；明人黎民表所作"地近潇湘多暮雨，雁来溢浦少乡书"，被许筠盛赞为"工诗"，并言此诗广泛"流播东方"③。

朝鲜古代文人笔下的"潇湘"是充盈着哀伤忧愁的悲剧空间。这种悲剧意味首先是"断肠人在天涯"的羁旅思乡之愁。元代马致远曾作《双调·寿阳曲潇湘夜雨》："孤舟五更家万里，是离人几行清泪"，以声声落雨喻示涟涟清泪，即写其身处天涯，心念故乡之愁苦，"潇湘"，特别是雨夜的潇湘，成为思乡怀友的经典场景。羁旅思乡的"潇湘"在朝鲜古代文人的笔下延续传承，朝鲜古代文人借助中国的"潇湘"诉说着别般乡愁思念④。

---

① ［韩］田京源：《潇湘八景——东亚诗画》，首尔：建国大学出版部，2007年版，第83页。
② 崔致远：《孤云先生文集卷之二·碑·无染和尚碑铭》。
③ 许筠：《鹤山樵谈》；蔡美花，赵季主编：《韩国诗话全编校注》（三），北京：人民文学出版社，2012年版。
④ 如"巫峡啼猿哀泪湿，潇湘归雁怨声长"（权应仁《松溪漫录》）、"零陵江上雨连天，寄舶游人思悄然"（李奎报《东国李相国后集卷第六·古律诗 九十六首·次韵英上人见和》）、"云暗潇湘雨送凉，蓬窗月黑响琅琅。舟中多少远游客，尽向灯前说古乡"（李承召《三滩集卷九·诗·题画屏》）。

朝鲜古代文人笔下的"潇湘"还叠加了舜妃泣竹的神话意蕴。舜帝、二妃、斑竹等元素极大地丰富了"潇湘"的历史内涵，也增强了"潇湘"在文化传播过程中的传奇性与厚重感。对于舜妃啼竹的"潇湘"，朝鲜古代文人深受感动，并将这种情感共鸣流淌于文学创作当中①。"潇湘斑竹"甚至一度是朝鲜古代文人习作练笔的重要论题②。由此足见，舜妃啼竹的"潇湘"在朝鲜古代文人笔端之分量，也侧面印证了"潇湘"在朝鲜古代文坛的接受程度之高与普及范围之广。

"潇湘"在朝鲜古代诗话中的诗意呈现除却"断肠人在天涯"的羁旅思乡与"舜帝啼竹"的忧伤思念，另一重要悲剧内涵为屈子报国的家国情怀。屈子曾作《湘君》《湘夫人》，借神为对象寄托纯朴真挚的情感，故在"潇湘"这个叙事空间内很难将屈子与湘神、舜妃、斑竹等元素完全分割开来。在朝鲜古代文人的行文中，这两种情愫往往交织混合在一起，营造出极具浪漫色彩但又悲壮凄美的氛围感③。秉承着屈

--------

① 李齐贤写"潇湘夜雨"道："枫叶芦花水国秋，一江风雨洒扁舟。惊回楚客三更梦，分与湘妃万古愁。"容斋李荇写"潇湘夜雨"道："竹林动哀响，二妃应涕滂。涕痕渑不尽，千古断人肠。"郑斗卿写道"夜雨萧萧斑竹枝，至今瑶瑟使人悲。千年帝子无穷恨，只在湘江夜雨时。"

② 洪万宗：《诗话丛林·冬》对此留有记录："洪斯文柱世号静虚堂，为文专尚儒家，不务词华，而诗亦闲远，有陶、韦遗韵。尝制月课，其《咏潇湘斑竹》曰：'苍梧愁色白云间，帝子南奔几日还？遗恨不随湘水去，泪痕犹著竹枝斑。千秋劲节凌霜雪，半夜寒声响玦环。啼罢鹧鸪人不见，数峰江上露烟鬟。'词极清高。时湖州蔡裕后擢致上考，称赏不已。"

③ 如李齐贤云："二女湘江泪，三闾楚泽吟"（《益斋乱稿卷第十·长短句·巫山一段云 潇湘八景》）、"惊回楚客三更梦，分与湘妃万古愁"（《益斋乱稿卷第三·诗·和朴石斋、尹樗轩用银台集潇湘八景韵》）；又如郑宗鲁云："萧萧夜雨湿斑篁，帝子遗踪隔渺茫。最是三闾终古恨，湘流不断楚天长"（《立斋先生文集卷之六·诗·潇湘八景 次皓隣韵》）；柳楫云："黄陵祠下莫停舟，斑竹千年不尽愁。造物何心添夜雨，萧萧应白楚臣头"（《白石遗稿卷之一·七言绝句·题潇湘八景》）。洪柱国云："凄迷暗锁虞妃恨，断续频回楚客肠"（《泛翁集卷之四·七言律诗 下·潇湘八景》）。

子忧国忧民的文学传统，朝鲜古代文人对"潇湘"的理解与阐释带有浓重的忠君报国情怀。

综上，"潇湘"在朝鲜古代诗话中的诗意呈现较为普遍，同时其内涵又是丰富多样的。不论是"断肠人在天涯"的羁旅怀乡，还是舜妃啼竹的坚贞不移，抑或是屈子报国的悲壮凄美，"潇湘"在朝鲜古代文人的精神世界中都占有重要的地位，是其寄托哀思，存放理想的"诗意栖居"所在。

（二）朝鲜古代诗话中的洞庭湖光

洞庭湖因广阔浩大的自然风光和丰富动人的神话传说吸引着无数骚人墨客的目光。随着古代中朝交往的不断密切，洞庭湖及其相关的诗歌佳作自然也成为朝鲜古代文人关注的对象。如十五世纪朝鲜朝文人徐居正《东人诗话》云：

> 洞庭、巴陵天下壮观，骚人墨客题咏者多。如"水涵天影阔，山拔地形高"，"四顾疑无地，中流忽有山。鸟飞应畏堕，帆过却如闲"，俱见称于世。然不若孟襄阳"气蒸云梦泽，波撼岳阳城"，又不若少陵"吴楚东南坼，乾坤日夜浮"，未知此老胸中藏几个云梦欤？牧隐《吴中八景》一绝云："一点君山夕照红，阔吞吴楚势无穷。长风吹上黄昏月，银烛纱笼暗淡中。"其旷漠冲融之气，虽不及老杜径庭，岂足多让于前数联哉？

上引所论释可朋《赋洞庭》、许棠《过洞庭湖》、孟浩然《临洞庭》和杜甫《登岳阳楼》皆为中国诗人观洞庭湖所作，所言李牧隐《吴中八景》一诗则为朝鲜文人之作，徐居正在此不仅对中国诗家所作进行比较评点，还将中朝两国诗人针对同一对象——洞庭湖所作诗文进行了横向比较。不论评价客观与否,此举都足以展现朝鲜诗家对于洞庭湖及以洞庭湖为创作背景之诗歌作品的关心程度与熟悉程度。

在朝鲜古代文人的心中,洞庭湖是适合入诗的绝佳素材,许筠在《惺叟诗话》曾记录道:

> 赵持世常曰:"我国地名入诗不雅。如'气蒸云梦泽,波撼岳阳城',凡十字六字地名,而上加四字。其用力只在蒸、撼二字为功,岂不省耶?"①

对此,洪万宗在《小华诗评》中也有相似的论述:

> 世谓中国地名皆入文字,诗便佳。如"九江春草外,三峡暮帆前""气蒸云梦泽,波撼岳阳城"等句,只加数字而能生色。我东方皆以方言成地名,不和于诗云。②

以赵纬韩为代表的朝鲜"世人"对洞庭湖的喜爱程度可见一斑。南羲采在《龟磵诗话地理岳渎下》的"湖""羿屠巴蛇、轩皇凿湖""泉井·楚田云梦条"中更是对洞庭湖的水系概况、民俗传说、历史渊源和文学传统等情况进行了细致地记录与介绍。

实际上,受地理位置影响,洞庭湖在朝鲜古代汉文诗歌中往往伴随着岳阳楼与君山一同出现,构成了"君山—洞庭湖—岳阳楼"即"一

---

① 许筠:《惺叟诗话》;蔡美花,赵季主编:《韩国诗话全编校注》(二),北京:人民文学出版社,2012年版。
② 洪万宗:《小华诗评》;蔡美花,赵季主编:《韩国诗话全编校注》(三),北京:人民文学出版社,2012年版。

山—水—楼"的集群意象。洞庭湖与这些意象的共同组合并非简单粗暴的叠加与组合，而是历代诗家对物象形态与属性的识别与选择，凝聚着东方特色的审美联想与哲学思辨。同时，秋月也成为这个群体意象中很重要的一环。由于"秋月"意境的加持，不论是泛舟洞庭，抑或登高（岳阳楼或君山）望月，总是难免心生慨叹，生发出或怀古伤今，或忧国忧民，或思乡怀人之感，因而感伤忧思仍是洞庭湖群体意象的情感底色。与此相应，杜甫的《岳阳楼》、孟浩然的《岳阳楼》、范仲淹的《岳阳楼记》等名篇佳制早已为深谙中国文学的朝鲜古代文人奠定了忧思情绪的主旋律与主基调。南羲采《龟磵诗话》言：

> 宋滕宗谅左官守巴陵，重建岳阳楼，增旧制极雄伟，范文正为之记，时庆历五年也。余谓岳楼题咏，少陵后无人，政所谓"此诗题后更无诗"者也，独希文记笔力极其闳肆，其曰："上下天光，一碧万顷，长烟一空，皓月千里"等语，直与少陵"吴楚乾坤"之句争雄，其曰："去国怀乡，感极而悲，先天下忧后天下乐"等语与少陵"亲朋老病，凭轩涕泗"之意同忧感也。前辈以为范老胸襟与洞庭同其广大者，诚非过语也。①

上引"去国怀乡，感极而悲，先天下忧后天下乐"等语，表明朝鲜古代文人对湖湘文化中的"忧国忧民"情怀的认同与接受，"洞庭秋月"意象在某种程度上就是这种"悲患意识"的具体外化。值得注意的是，洞庭湖群体意象中的这种"忧国忧民"式的家国情怀与上文言及的潇湘意象中所蕴含的屈原之"忠君爱国"式的家国情怀各自侧重

---

① 南羲采：《龟磵诗话》；蔡美花、赵季主编：《韩国诗话全编校注》，北京：人民文学出版社，2012年版。

不同，具有一定的差异性。

综上，"洞庭湖"在朝鲜古代诗话中的诗意呈现具有群体性的特征，以洞庭湖为核心的自然名胜群在朝鲜古代文人的心中创设出一幅秋月登高的联动式风景图，在朝鲜古代文人的笔端生成为怀古感今，忧国忧民的情怀。

（三）朝鲜古代诗话中的衡山景色

"衡山"最初以"南岳"之名出现在中国文学当中。舜帝南巡而崩，二妃双双殉情，由此奠定了衡山形象忠贞不渝的感情色彩。屈原《天问》云："吴获迄古，南岳是止"，记述了泰伯、仲雍假称采药，避国让贤于季历的历史故事，使得衡山也初具归隐色彩。秦时开凿灵渠，衡山一脉成为中原内陆与荒蛮南境的地理分界线，也是北上南下的迁客骚人们的必经之地。由此自然引发了中国诗家贬谪失落与羁旅孤苦之情，这也成为衡山（衡阳、南岳）最经典、最常见的文学内涵。朝鲜诗家在诗歌创作中也延续了这一传统，将"衡山"视作划分庙堂之上与江湖之远的身份界限，阻隔忠臣直士与帝王君主间的空间障碍。郑希良感叹道："湘水沉骚客，衡山滞直臣。凄凉今古事，况复更轮囷"①。鱼得江在欣赏"平沙落雁"之时，仍不免发出："木落南翔稻正腴，群游饮啄恣江湖。恐渠饱暖忘虞处，枉害忠诚直谏奴"的感慨。

朝鲜诗家笔下"衡山"的另一重要诗意呈现则为心驰神往的理想家园。如陈澕《平沙落雁》云："惊寒不作夏天飞，意在芦花深处宿"②；李齐贤云："心安只合此为家，何事客天涯"③；柳椰云："晚向

---

① 郑希良：《虚庵先生遗集卷之一·诗·述怀》，《影印标点韩国文集丛刊》，1988年版。
② 陈澕：《梅湖遗稿·七言古诗·宋迪八景图》，《影印标点韩国文集丛刊》，1990年版。
③ 李齐贤：《益斋乱稿卷第十·长短句·巫山一段云 潇湘八景》，《影印标点韩国文集丛刊》，1990年版。

江头还欲下,孤心只是爱平沙"①;宋来熙云"飞向清沙闲取适,生涯不作稻粱谋"②。值得引起关注的是,也存在认为衡阳雁是因"稻粱谋"而落平沙的朝鲜诗家,如姜景醇作《平沙落雁》直言:"冥路通云汉,低飞为稻粱。排空点点字千行,去意在三湘"③;郑希良云:"何处稻粱惊网弋,急向芦花深处宿"④;李廷馦云:"岂不恋稻粱,其如避矰弋。前身诸葛侯,布阵依沙碛"⑤。

雁落平沙虽为稻粱,但并不是一味贪婪,欲壑难填,而是为了在网弋扑杀下寻食果腹,维持生命。朝鲜文人李荇对此更是清晰解释道:"非无稻粱谋,恐有矰弋加。举群一饥忍,双双下平沙。沙际少人行,暮雨响蒹葭。相呼复冥飞,云水真吾家。"⑥ 因而,不论是清闲取适,抑或是谋生立命,衡山的那滩平沙都是朝鲜诗家精神与物质双重向往的理想家园,这点与先秦时期衡山意象中的归隐内涵存在着明显不同。

"衡山"在朝鲜古代诗话中的诗意呈现是鲜活丰满的,它即是朝鲜古代文人贬谪失意时失落悲愤的见证者,也是朝鲜古代文人苦闷无奈时聊以自慰的陪伴者。这种看似矛盾实则合理的诗意呈现是士祸频发、政局动荡中,朝鲜古代文人艰难求生但却内心纠结苦闷的历史写照,体现

---

① 柳楫:《白石遗稿卷之一·七言绝句·题潇湘八景》,《影印标点韩国文集丛刊》,2006年版。
② 宋来熙:《锦谷先生文集卷之一·诗·潇湘八景 八首》,《影印标点韩国文集丛刊》,2003年版。
③ 姜景醇:《私淑斋集卷之五·杂著○歌词·潇湘八景》,《影印标点韩国文集丛刊》,1988年版。
④ 郑希良:《虚庵先生遗集卷之一·诗·潇湘八景》,《影印标点韩国文集丛刊》,1988年版。
⑤ 李廷馦:《四留斋集卷之一·五言绝句·题画屏潇湘八景》,《影印标点韩国文集丛刊》,1990年版。
⑥ 李荇:《容斋先生集卷之三·五言诗·潇湘八景》,《影印标点韩国文集丛刊》,1988年版。

出朝鲜古代文人结合自身独特的生存环境及国情背景对中国"衡山"意象内涵的选择与化用。

综上所述，朝鲜古代文人对潇湘、洞庭湖及衡山的诗意阐释在与中国传统意象内涵大体保持一致的同时，于细微之处也展现出符合朝鲜风情及审美传统的选择与认同。事实上，据现有文献记载，除李齐贤、金九容、崔簿等寥寥数人外，很少有朝鲜文人涉足长江以南的中国区域。尽管中朝两国交流频繁，历史上曾来到中国的文人也是有限的，且朝鲜来华路线多以陆路为主。因此，多数朝鲜文人作品中记载的关于湖南的自然风物，大都是受到中国文人诗作影响的再创造，是为艺术性的虚构与想象。朝鲜古代文人是借用中国文人之眼来审视湖湘山水的，观赏的并非实地实景，而是诗画作品中已经交融了中国古代文人情感的潇湘意象。从某种程度而言，朝鲜古代诗话对湖湘自然风物的诗意呈现更像是一种情感嫁接与文化转译。因而，传统的湖湘文化借助朝鲜古代文人的"他者"功用，在古代朝鲜半岛得以广泛流播，这对于如何使当今的湖湘文化"走出去"启示良多，对中国古代物质文明的域外传播意义重大。

## 二、朝鲜古代诗话对湖湘儒学精神的弘扬

在历史上，岳麓书院作为湖湘文化的圣地，其地位是毋庸置疑的。朝鲜古代诗话对岳麓书院历史发展过程中的人与事皆多有记载与评述，对岳麓书院弘理学、重道德，穷经史、尚思辨的儒学精神也进行了多元化的阐发与探究。作为湖湘文化的策源地，岳麓书院以传道济民、经世致用的教育理念，重敦品、务实行的人文风范和心忧天下、敢为人先的爱国精神，不断地吸纳周敦颐、胡安国、朱熹、张栻、王阳明等历代理学大师，形成了独特的崇尚理学的湖湘文化传统。素有"潇湘洙泗"

之称的岳麓书院，其崇尚儒家文化的精神，不仅流传于湖湘地区，更成为彰显东亚文化的一道亮丽风景线，其对古代朝鲜半岛儒家文化的影响极为深远。南羲采在《龟磵诗话》中记载了宋时号称"天下四书院"之一的岳麓书院："开宝中潭守朱洞创建，以待学者。李允则来为州，请于朝藏书。张钦夫记之。"[1] 从中可了解到岳麓书院的建立、发展情况。《龟磵诗话》中南羲采还评论了中朝两国书院的发展情况，与宋代"广为四院，而衿绅蔚兴"的中国书院相比，"海左一偏邦"的朝鲜在拥有"书院及贤祠有四百余所"的盛况下，却未能重视书院发展，"而今之名院，儒者无肄业之寔，而视之为利窟。"南羲采歆羡中国书院的发展，认识到书院对传播儒学的重要作用，焦虑地呼唤"有志者思之所救之也"。湖湘文化传统尤其是湖湘儒学对古代朝鲜半岛的影响，由此可见一斑。概而言之，朝鲜古代诗话对湖湘文化的接受与弘扬主要体现在以下三个方面：

（一）发扬湖湘儒学弘理学、尚道德的精神

南羲采在《龟磵诗话》中梳理了中国至宋的理学发展脉络[2]：从理学鼻祖庖牺，到周文王、周公、孔子，"孔子没，庖牺之学无传"，直到宋周敦颐"理学中兴"，周敦颐之后是二程、和靖、张栻，其中还有朱熹。而周敦颐、朱熹、张栻都在岳麓书院讲过学，朱熹、张栻又学承二程，其后还有王阳明等，众多理学家对湖湘儒学的发展，尤其是湖湘理学的建构居功至伟，使"理学相传之统，源流长矣"的岳麓书院，在助力湖湘理学发展中起到积极的推动作用，而湖湘文化实质上是以湖

---

[1] 南羲采：《龟磵诗话》；蔡美花，赵季主编：《韩国诗话全编校注》，北京：人民文学出版社，2012年版。

[2] 南羲采：《龟磵诗话》；蔡美花，赵季主编：《韩国诗话全编校注》，北京：人民文学出版社，2012年版，第1994页。

湘理学为思想支点的文化，它伴随着数代湖湘理学大师的理论阐发和辉煌功绩深入广大湖湘人士的心中并凝聚成一种永恒的情结。

朝鲜诗家记录朱熹以孔子"居处恭，执事敬，与人忠"[1]来敦品、养性，遵循"非礼勿视听言动"，洪奭周强调朱熹追求"主敬求放之工"。朱文公与张栻"为道义交"，二人相互赠诗，张栻赠诗曰："勉哉共无斁，邈矣追前修。"朱熹答曰："勉哉共无斁，此语期相敦。"二人共追前贤，勉力自己。因为朱熹"遵考训，谨师傅""内受家庭之训，外资师傅之教，旁有丽泽之朋从以勉励"，内外兼修，得以"成就其德业也"[2]。

他们不仅提倡且积极躬践"修身"，"因莲有君子之道，而自比脩姱之节也。故周茂叔爱之"以莲花"出淤泥而不染，濯清涟而不妖。中通外直，不蔓不枝。香远益清，亭亭净植。可远观而不可亵玩焉"。表明其"有君子之道"[3]。朱熹《朱子大全》中的静江府虞帝庙碑文、张栻《濂洛风雅》中的谒陶唐庙词都"以文字标揭而赞美之"[4]，传达了他们对先贤的追思与崇仰。朝鲜古代诗话记载，这些理学伟人其对德行的追求，又影响着其他的理学家。如明代"崇仁学派"的创始人吴与弼在"夜观《晦庵文集》"、领悟"南轩读《孟子》甚乐"[5]之真谛后，受朱熹、张栻思想的启发，追求"安贫乐道"锐意理学，无心仕

---

[1] 洪奭周：《鹤冈散笔》；蔡美花，赵季主编：《韩国诗话全编校注》，北京：人民文学出版社，2012年版。
[2] 南羲采：《龟磵诗话》；蔡美花，赵季主编：《韩国诗话全编校注》，北京：人民文学出版社，2012年版。
[3] 南羲采：《龟磵诗话》；蔡美花，赵季主编：《韩国诗话全编校注》，北京：人民文学出版社，2012年版。
[4] 朴性阳：《芸窓琑录》；蔡美花，赵季主编：《韩国诗话全编校注》，北京：人民文学出版社，2012年版。
[5] 李圭景：《诗家点灯》；蔡美花，赵季主编：《韩国诗话全编校注》，北京：人民文学出版社，2012年版。

途,"虽贫屡太甚,亦得随分耳"①。他居乡讲学,用其一生传播程朱理学。在孔子对塑造具有理想人格的君子的高度期待,即"不知天命,无以为君子"的基础上,吴与弼主张把天理作为一个人道德修养和认识事物的最高标准。"圣人"不是高不可攀的神人,"程泊淳见猎心喜,乃知圣贤犹夫人也,孰云不可学而至哉!"通过学习与修养是可以达到的。他还继承与发展了孟子思想,提出"人性之本善"。李圭景感其修养之深,赞其"贤哉!先生圣于安贫乐道者"也。②

在周敦颐影响下,湖湘学派发展了孔子理论,弘扬了理学精神,为湖湘文化发展做出了重要贡献。受周敦颐影响,宋景濂不但攻文辞,还姿禀甚高,苟用心于正学,其造周子之地不难也。胡文定、胡致堂行事严谨,归于礼,有"胡公之风"③。张栻也门人众多,在他们的努力下,湖湘文化得以广泛流播,湖湘文化的影响力得到扩大。

(二) 承袭湖湘儒学穷经史、尚思辨的传统

"朱张会讲"是岳麓书院一段佳话。朱熹在其师李侗死后,学术上对《中庸》之义疑惑难解,正当朱熹苦于无人指点迷津时,乾道三年(1167),朱熹闻张栻得胡宏之学,专程从福建崇安赶往长沙岳麓请教张栻,就《中庸》之义的"未发""已发"及察识持养之序等问题进行辩论,据称"三日夜而不能合"④。金昌协《农岩杂识》与李瀷《星湖先生僿说》对此都有记载。此次会讲体现了岳麓书院自由讲学、追

---

① 李圭景:《诗家点灯》;蔡美花,赵季主编:《韩国诗话全编校注》,北京:人民文学出版社,2012年版。
② 李圭景:《诗家点灯》;蔡美花,赵季主编:《韩国诗话全编校注》,北京:人民文学出版社,2012年版。
③ 张维:《谿谷漫笔》;蔡美花,赵季主编:《韩国诗话全编校注》,北京:人民文学出版社,2012年版。
④ (清)王懋竑:《朱子年谱》,台北:世界书局,1973年版,第46页。

求学术真理的风气及有疑可共相质证的思辨精神。这种思辨精神不仅仅体现在论道之大知上，就某一个字的小知，也会展开辩论。① 虽仅就一字进行辩论，但在这种质证、辩难中体现出岳麓学子"以求至是，追求学术真理"的精神，这与岳麓书院，甚或湖湘文化"共相质证，不可蓄疑于胸中"，学生可"携原卷相商，以求至是"的传统一脉相承。

无疑，朝鲜古代文人也将这种思辨精神用于自己的学问中，诚如金昌协在记录朱熹与张栻的讨论后，又依据《马史·田蚡传》以证程集称姪之证。思辨是朱熹等理学者追求至理的表现，洪奭周曾论："程子受学濂溪，而未尝一语及太极。朱子答之累十百言，终不举《易序》以为证也。"② 程颢受学于周敦颐，但从不语涉太极，朱熹虽重经书，也曾著《易传序》，但论辩讲学不以《易序》为证。而朱熹之后学者，也传承着"不以朱熹言是非为是非"的思辨精神。

(三) 对王阳明思辨哲学的客观评价

明代王阳明无疑是湖湘文化的一个典型代表，朝鲜古代诗话中关注

---

① 朱先生《与南轩书》论程集姪与犹子之说曰："尔雅云：'女子谓兄弟之子为姪'。注引《左氏》'姪其从姑'以释之。而反复考寻，终不言男子谓兄弟之子为何也。以《汉书》考之，二疏乃今世所谓叔姪，而《传》以父子称之，则是古人直谓之子，虽汉人犹然也。盖古人淳质不以为嫌，故如是称之，自以为安。降及后世，则心有以为不可不辨者，于是假其所以自名于姑者而称焉。虽非古制，然亦得别嫌明微之意。"余按《马史·田蚡传》"侍酒魏其，跪起如子姪"，据此则男子谓兄弟之子为姪，自汉时已然矣。此正可为程集称姪之证。而朱先生云然，岂或偶未记此文耶？但考《汉书》姪作姓，岂《马史》本亦作姓而后来却因疑似而误耶？未可知也。(金昌协《农岩杂识》；蔡美花，赵季主编：《韩国诗话全编校注》，北京：人民文学出版社，2012年版。)《尔雅》"夫之庶母谓之少姑"，诗家多用少姑字，皆指夫之姊妹也。如李白《去妇词》"回头语少姑，莫嫁如兄夫"之类是也。要当以经文为正。胡五峰称妾母为小母，南轩亦然。朱子谓本于《尔雅》，《尔雅》无此文。盖以小姑改称小母。李白《鞠歌行》以妾为小妻。妻之为言齐也，岂妾之所僭称？(李瀷：《星湖僿说诗文门》；蔡美花，赵季主编：《韩国诗话全编校注》，北京：人民文学出版社，2012年版。)

② 洪奭周：《鹤冈散笔》；蔡美花，赵季主编：《韩国诗话全编校注》，北京：人民文学出版社，2012年版。

王阳明的内容也相对较多。1507年（正德二年），王阳明到岳麓讲学，标志着岳麓书院又一个学术繁荣期的到来。朝鲜文人在论及王阳明理学时，或将其理学与程朱理学对比，或将其与同追求心学的陈献章对比，或对比其学说中的儒、佛思想，始终将其视为一个有着强烈怀疑精神，敢于议论、质证，勇于表达自我思想的理学大师。

关于王阳明理学与宋明理学关系，朝鲜文人认为阳明之学与程朱理学、象山之学、禅学都有一定的关系，但又不尽相同。张维《豁谷漫笔》言：

> 先儒以穷理为格物、致知之事，专属于知。唯王阳明以为兼知、行而言。范淳夫曰："自君臣而言之。为君尽君道，为臣尽臣道，此穷理也。理穷则性尽，性尽则至于命矣。"与阳明之说合。[1]

王阳明主张知行合一，与先儒"穷理为格物、致知之事"不同，而朱熹就是提倡只有"格物"才能"致知"的理学家之一。张维评价王阳明的"知行合一"与宋代范淳夫所言的"理穷则性尽，性尽则至于命"相合，"理穷、性尽，至于命"即穷究天下万物的根本原理，彻底洞明人类的心体自性，以达到改变人类命运的崇高目标，从而使人类行为与自然规律能够和谐平衡、生生不息。从认知与实践的关系看，范淳夫与王阳明的思想确实有吻合之处。王阳明强调人的外在行为是受内在意识支配，由衷向善（"知"）的人，才有外在自发的善行，所以说知行合一，诚所谓"知是行之始，行是知之成"。

关于王阳明理学与其他心学的关系问题，朝鲜古代文人认为象山

---

[1] 张维：《豁谷漫笔》；蔡美花，赵季主编：《韩国诗话全编校注》，北京：人民文学出版社，2012年版。

（陆九渊）之学是由与朱熹同时代，程颢四传弟子陆九渊创立的，又称"心学"，与王阳明的"心学"并称为"陆王心学"。南羲采《龟磵诗话》中记载了王阳明评价朱熹"静观灵坮妙，万化从此出"为"此心廓然与太虚同体。太虚之中何物不有，而无一物能为太虚之障碍。凡富贵、贫贱、得丧、爱憎之相值，即飘风浮霭之往来于太虚，而太虚之体固常廓然无碍也。"对此，南羲采言"此言固善但带些禅味来"。正祖李祘甚至替其辩解，因为"其为高僧后身分明"，所以"阳明之以儒为禅"是"不得不尔"。但他又未完全陷入禅学，所以其理学才会有"外圣内禅""以儒为禅"的特点。洪万宗认为本国金时习相较王阳明而言，"心儒迹佛金时习，外圣内禅王守仁"。①

同时，王阳明的理学也遭到了一些朝鲜古代文人的质疑。在以程朱理学为官学的历史环境下，王阳明的学说自然被视为"异端"。洪重寅《东国诗话汇成》中的记载可以证明这一点。② 这则材料表明，中朝都将阳明之学看成是"异端"。柳成龙了解到在中国诸生心目中，视王阳明、陈献章的心学为道学之宗后，并以拨乱反正的态度批评"陈献章论道不精，阳明之学出于禅"，强调应"以薛文清为宗"。因为薛文清被视为朱学传宗，被称之为"明初理学之冠""开明代道学之基"。吴仲周也附和其看法，并进而抨击阳明心学流行之害。柳成龙借李滉的《圣学十图》表明朝鲜文坛尊朱子学为正统的正确性，对此，吴仲周在柳成龙回国的赠别诗中夸赞柳成龙为朝鲜哲人，承继了儒家道统，弘扬正道。李滉得知此事后，再次申明陆王心学确为"怀襄"之害。

---

① 洪万宗：《诗评补遗》；蔡美花，赵季主编：《韩国诗话全编校注》，北京：人民文学出版社，2012年版。
② 洪重寅：《东国诗话汇成》；蔡美花，赵季主编：《韩国诗话全编校注》，北京：人民文学出版社，2012年版。

另外，正祖李祘一方面认同王阳明的知行合一主张，称其道学文章兼才智"盖有明三百年一人耳"，其凭一己之力平楚越为"儒者之英雄"。但另一方面，又对王阳明凭其超逸才学，"以致良知之说鼓动天下，背斥朱子"，使心学大兴，成为异端，表示不满。警告朝鲜诸贤，要辨证看待阳明心学，认为王阳明与其后学猖狂之徒李贽不同，李贽反对道统之说，比表面打着儒学旗号实则宣扬佛学的杨慈湖的罪过还要大，可以说是滔天之过。

但朝鲜文人也有未因王阳明理学为"异端"而否定其成就的，金昌协对王阳明文就有较客观的评价："阳明天才豪敏，有操纵，有阖辟，而少深淳典厚之致。此所以不及欧苏。"并关联本国宋时烈，赞豁谷之文是"大明三百年，未有其比"。甚至胜过王阳明，即"阳明虽夸张震耀，而其实不如"。对此，金昌协表示不敢苟同。因为王阳明"深于经术，优于理致，宏博精深，高明峻洁，皆非豁谷所能及。阳明诚有夸张处，然其天才自高，长于操纵，非徒为张皇者也"。因为宋时烈"不多见明文"，所以过于武断，先入为主地认为"明人皆伪学古文"，由此低估了王阳明文的价值。

综上所述，无论是中国承朱熹理学的后学者还是朝鲜性理学者，在追求真理的路上，都秉持着质疑辩难态度，考证思辨的精神，共同推动东亚理学的发展。岳麓书院作为传播中国儒学、特别是湖湘文化的有力载体，承载着一代代湖湘学子文化积累、研究、创造与传播的梦想，其尚德、崇理、重经、思辨的书院精神，成为东亚文明的共同财富。朝鲜古代诗话对湖湘文化的接受、批评与弘扬，一方面，体现出中国传统文化特别是湖湘文化在古代朝鲜半岛的传播；另一方面，也在一定程度上彰显出朝鲜古代诗话所蕴含着的中国文化情结。

### 三、朝鲜古代诗话对湖湘文人及其创作的批评

朝鲜古代诗话不仅对湖湘风物进行了诗意的呈现，还表现出对湖湘文化的无限崇敬之意，更对古代湖湘文人及其创作展开了多元化的品评，由此，既可以看出古代朝鲜对湖湘文化的关注热忱，同时也对湖湘儒家文人的人文精神和审美理想表现出深切的认同感与诚挚赞美。这主要体现在以下三个方面：

#### （一）体悟湖湘文人忧国忧民的家国情怀

在朝鲜古代诗话中，朝鲜古代文人对"贾谊长沙屈子湘""贾谊上书忧汉室，长沙谪去古今怜"的处境给予了无限的同情与怜悯。南羲采《龟磵诗话》评贾谊云："龟磵子曰：昔贾谊以不世高才，又遭遇文皇，庶可以展其所蕴。而为绛灌所短，赋鵩长沙，竟饮恨而卒。"汉文帝四年（前176年），贾谊被外放为长沙王太傅。长沙地处南方，离京师长安有数千里之遥。贾谊因被贬而自己爱民仁政的思想得不到实现的忧郁不平的情绪淋漓尽致地表现在《鵩鸟赋》，朝鲜文人金泽荣《韶濩堂杂言》则言"贾太傅文气魄之雄厚，机轴之变动，未必远让史迁"。

"长沙"因屈原、贾谊曾流贬于此而成为诗歌中贬谪之地的代表，朝鲜自古就有与"长沙"同名之地①，因而，中国诗歌中长沙的贬谪含义就自然而然地转移到了朝鲜半岛的"长沙"，成为朝鲜古代文人的笔下是落职贬官的代名词。古代中国文人常常被贬到漳湿之地，与家人虽"生离"却胜于"死别"，对生命的不确定，加之多因不遇而被贬，所

---

① 《新增东国舆地胜览》卷三十六"全罗道·茂长县"条："茂松县本百济松弥知县，新罗改茂松，为武灵郡领县，高丽仍之。长沙县本百济上老县，新罗改长沙，为武灵郡领县，高丽仍之，后置监务，兼任茂松。本朝太宗十七年，合两县，改今名，仍置镇，以兵马使兼县事。世宗五年改兵马使为金节制使，后改县监。"

以常会抒发其苦闷彷徨之感。而一批人都被贬到相同之地，通过凭吊前人，便会产生某种强烈的共鸣。屈原、贾谊、刘长卿三人俱罪长沙，同为"投沙客"。他们或不甘沉沦，忠心为国；或淡忘得失，豁达乐观；或醉意山水，疏解苦闷。对贾谊渡湘江时伤心悼念屈原，刘长卿感同身受。刘长卿也和贾谊一样，得罪了权臣而无辜被贬，因此，他发出"长沙谪去古今怜"的感慨。当他到了长沙，访贾谊故宅时发出"万古惟留楚客悲"的感慨。刘长卿以贾谊之事，"写我之情"，从而更深刻地表现出刘长卿对贾谊的怀念。"汉文有道恩犹薄"，那刘长卿又何去何从呢。但这些"投沙客"并不以抒发苦闷彷徨为宗旨，而"唯有家兼国"才是他们真正"终身共所忧"（《湖南使还留辞辛大夫》），展现一种虽处逆境，仍要彰显儒士"路漫漫其修远兮，吾将上下而求索"百折不挠，矢志不忘的爱国精神；或诠释儒士"我心向明月，奈何明月照沟渠"的苦闷精神。

这是中朝古代文人的共通的情感心理与生命体悟。

（二）倡扬湖湘文人不屈不挠的创作精神

古代潇湘人才辈出，为中国传统文化留置了一抹亮丽的色彩。而朝鲜古代诗话的关注焦点大多集中在潇湘历史上最具代表性的几个文人身上，如屈原、贾谊、杜甫、柳宗元、范仲淹、李东阳等，对他们的评价也较多。如李瀷《星湖僿说·诗文门》对屈原的评价：

> 屈原之作《离骚》，其志洁，故其称物也芳。兰蕙菌荪揭车杜蘅之属，烂然于齿颊之间，其芬馥便觉袭人，所以为清迥孤绝，能泻注胸臆之十怨九思也。后惟李白得其意，就万蘤间取其清明华彩

馨香奇高，陶铸为诗料，一见可知为胸里水镜，世外金骨也。①

南羲采《龟磵诗话》评贾谊云：

　　龟磵子曰：昔贾谊以不世高才，又遭遇文皇，庶可以展其所蕴。而为绛灌所短，赋鵩长沙，竟饮恨而卒。其孙岛又如是，世皆悲之。然而谊才则大而量小，古人所谓"谁道君王薄贾生"者，诚悲矣。况岛恃才不恭，坐如禅楼夺卷，骄傲莫甚，其不豪于世，宜矣。②

金泽荣《韶濩堂杂言》则言"贾太傅文气魄之雄厚，机轴之变动，未必远让史迁。"佚名《诗文清话》评柳宗元云：

　　柳子厚《渔翁诗》"欸乃一声山水绿"，唐刘言史《潇湘诗》"夷女采山蕉，缉纱浸江水。野花满髻妆，闻歌歌欸乃。欸乃知从何处生，当时泣舜断肠声"，言史之诗则又以欸乃为泣舜之余声，不必为渔父棹船相应声也。③

成涉《笔苑散语》评李东阳曰：

---

① 李瀷：《星湖僿说诗文门》；蔡美花，赵季主编：《韩国诗话全编校注》，北京：人民文学出版社，2012年版。
② 南羲采：《龟磵诗话》；蔡美花，赵季主编：《韩国诗话全编校注》，北京：人民文学出版社，2012年版。
③ 佚名：《诗文清话》；蔡美花，赵季主编：《韩国诗话全编校注》，北京：人民文学出版社，2012年版。

湖湘文化与东亚 >>>

> 余暇日阅西厓李东阳乐府，其文如比首寒光，侵人衣裾，使人爽然醒魂，尽警世语也……士大夫所为千种万种，随人各异。居平谈道义，自许以名节者，及遇慑畏怯，不能出气息；或目为常流者，抗志自立，以自表于世。是知无名者未必无实，有名者未必有实。①

从上述朝鲜古代诗话对中国古代湖湘文人及其有关潇湘题材之创作的评述可以看出，朝鲜古代文人对湖湘文人极其关注，同时其对湖湘文人的评价不乏真知灼见。如对屈原、李白与杜甫三者的比较："白则言风来木落，则水波包其内，风神动人；甫则只言江水滚滚，亦带波浪意思在中，筋骨可敬。然终不若原之彻肝透膈，尽情而哀诉。此古今之异，人情之不同也。"不可不谓简洁精到，一语中的。对贾谊、柳宗元与李东阳的评述亦同样令人叹服。

朝鲜古代诗话不但关注与评述古代湖湘文人及其有关潇湘题材的创作，有时也自觉不自觉地朝鲜文人的创作与湖湘文人进行比较。如柳成龙《西厓论诗·诗意》云：

> 余不能诗，然略解诗意。大概诗当以清远冲澹、寄意于言外为贵，不然则只是陈腐语耳。古今绝句中，如李白："洞庭西望楚江分，水尽南天不见云。日落长沙秋色远，不知何处吊湘君"，真有千万里不尽之意，卓乎不可及……吾东人诗气象局促，难可议此。惟李胄《题忠州自警堂》诗："池面沉沉水气昏，夜深鱼跃枕边闻。明宵泊近骊江月，竹岭横天不见君"，语颇自然而有远致，非

---

① 成涉：《笔苑散语》；蔡美花，赵季主编：《韩国诗话全编校注》，北京：人民文学出版社，2012年版。

他人学诗所及也。①

南羲采《龟磵诗话》云：

郑谷诗："乱飘僧舍茶烟湿，密洒歌楼酒力微。江上晚来堪画处，渔翁披得一蓑归。"当时以为绝唱。而坡诗言此乃村学中诗也，柳子厚云"千山鸟飞绝，万径人踪灭。孤舟蓑笠翁，独钓寒江雪"，信有格，殆天所赋不可及也。然坡尝作雪诗曰："渔蓑句好真堪画，柳絮才高不道盐。"始以村学诗讥之，而终以"渔蓑句好"称之，何也？②

由此可见，朝鲜古代诗话时常在湖湘语境下，自然而然地将中朝诗人诗作放置在一起进行考量，一方面体现了潇湘文学及文化在古代朝鲜的传播盛况，另一方面也彰显了古代朝鲜社会对潇湘文学及文化的积极接受与客观评判。这既形象地展现出古代朝鲜与湖湘文化的良性互动，同时，也从另一个方面流露出朝鲜古代诗话对湖湘文人不屈不挠的创作精神的景仰之情。

（三）彰显朝鲜文人潜移默化的湖湘情结

由朝鲜古代诗话对湖湘文人及其作品的评价，以及有意无意地将中朝文人在潇湘语境下进行客观考量的现象来看，朝鲜古代诗话中蕴含着浓郁的"湖湘情结"，其最生动的表现就是"端午"活动在古代朝鲜的

---

① 柳成龙：《西厓论诗》；蔡美花，赵季主编：《韩国诗话全编校注》，北京：人民文学出版社，2012年版。
② 南羲采：《龟磵诗话》；蔡美花，赵季主编：《韩国诗话全编校注》，北京：人民文学出版社，2012年版。

日渐盛行。如南羲采《龟磵诗话》① 记载：

### 端午、踏草斗草、竞渡凫车

　　道书以端午为地腊，又天中节。《岁时记》："五月五日踏百草，今人有斗草戏。"欧公诗曰："共斗今朝胜，盈襜百草香。"章简公帖子："五荚开瑞蓂，百草斗香苕"。又曰："五日看花怜并叶，今朝斗草得宜男。"唐制，天中节戏竞渡于兴庆池。竞渡有二义。楚人伤屈原魂以舟楫拯之。治其舟，使轻利，谓之飞凫，又曰水车，又曰水马。盖越人以舟为车，以楫为马故也。土人悉临水观之，谓之竞渡。古诗"兰汤费浴传荆俗，水马浮江济屈魂"是也。又齐景公造莲舟，令宫人分舟为斗，名"竞渡"。兴庆池竞渡，盖取此义也。章简公端午帖云："丝竹渐高桡鼓急，瑶津亭下竞凫车。"

### 蒲人艾人、彩虎艾虎

　　《岁时记》："荆楚人端午刻菖蒲为人或葫芦形，带之辟邪。"王沂公诗"明朝知是天中节，旋刻菖蒲要辟邪。"今人端午佩菖蒲亦荆楚遗俗也。又荆楚人采艾结为人，悬门上以禳毒气。简公诗"艾叶成人后，榴花结子初。"沂公诗"仙艾垂门绿，灵丝绕户长"，又云"百灵扶绣户，不假艾为人"。又以艾为虎形，至有如黑豆大者，或剪彩为小虎，粘艾叶以戴之。沂公帖"钗头艾虎辟群邪，晓驾祥云护宝车。"简公云："花阴转午清风细，玉燕钗头

---

① 南羲采：《龟磵诗话》；蔡美花，赵季主编：《韩国诗话全编校注》，北京：人民文学出版社，2012年版。

艾虎轻。"

由此可见，源自中国传统（主要是潇湘文化）的"端午节"相关元素在古代朝鲜的广泛传播，逐渐演化成其民族的重要节日。佚名《海东诗话》的一则记载更能说明问题：

> 虚庵郑希亮，戊午史狱，杖流义州。辛酉蒙宥，居庐于豊德先茔。时燕山荒淫，国事日非，公常忧愤，以屈原自拟，沉于祖江，是壬戌五月五日也。以遗置衣服葬于高阳星山，有人题其墓曰："怊怅飚轮何处边，水云踪迹去悠然。东人尚道千年事，楚俗同悲五月天。甲子已知危戊午，翰林争似作神仙。虚坟亲墓今犹在，与我先茔隔一阡。"或谓遗世羽化云。[1]

朝鲜古代文人这种"以屈原自拟，沉于祖江"的不屈精神，以及古代朝鲜社会"东人尚道千年事，楚俗同悲五月天"的习俗，都生动而形象地呈示出古代朝鲜文人深厚的"湖湘情结"。

综上所述，我们借助朝鲜古代诗话的"他者"视域，回望了中国文化——湖湘文化的方方面面。这无疑是朝鲜古代诗话之于中国文化的重大价值所在。

其一，朝鲜古代诗话揭示了朝鲜半岛对中国文学及文化的历史认同性。朝鲜古代诗话所呈现的中国文化元素说明优秀文化的传播是接受者自由、自主的选择，确证了古代朝鲜半岛对中国文化的一种集体无意识认同，这种认同久而久之积淀为其自我的一种本质力量。进而使得朝鲜

---

[1] 佚名：《海东诗话》；蔡美花，赵季主编：《韩国诗话全编校注》，北京：人民文学出版社，2012年版。

半岛与中国在生活方式、行为模式、价值观念、思维方式、情感表达方式及审美理想等方面具有某种无法抹却的趋同性。朝鲜古代诗话中的潇湘文化因子,既是中国文化在古代朝鲜半岛流播之历史真相的记录,又是古代朝鲜半岛对中国文化集体无意识接受的事实揭示,它充分彰显了古代朝鲜半岛与中国在历史文化上的亲缘关系。

其二,朝鲜古代诗话为中朝文化交流提供了历史图景。朝鲜古代诗话展现了中国文化走出去和朝鲜半岛将中国文化引进来的人文景观。不仅如此,通过朝鲜古代诗话的发展脉络可以领略到中国传统文化在域外的传播情况,亦可以追寻中国文化在海外发展的具体形态。朝鲜古代诗话的中国元素与中国情结,即是历史上中国文化成功"走出去"的铁证。同时,也可从中窥见中国传统文化在"东亚文化圈"中的积极构建功能。这对于复兴中国传统文化、构建文化强国也无疑具有积极的启示。

其三,朝鲜古代诗话为审视中国传统文化提供了域外视阈。借助他者来观照自我,有助于更加深入地发现自我、认识自我并确证自我。通过考察朝鲜古代诗话对潇湘文化的批评与受容,既可了解到中国文化的魅力所在,又可借此认识到周边国家对中国传统文化的独特认知和期待视野。朝鲜古代诗话对湖湘文人创作的评价与中国同时期的褒贬不尽相同;潇湘八景诗画作为朝鲜半岛的一种文化现象,从高丽到朝鲜朝七百年间盛行不衰,而对湖湘文化精神的代表人物之一王夫之的谈论却寥寥无几,这些现象有待于继续探讨。

# 湖南简帛与古典学的新可能性探索
## ——以湖南长沙马王堆汉墓帛书为中心

金庆浩[*]

### 一、导言

北宋时期四大书院之一的岳麓书院大门两边有"惟楚有才,于斯为盛"的对联字句。此引用于《左传·襄公26年》与《论语·太伯》字句,展现了被称作"千年学府"的岳麓书院英才辈出的史实。这种传统传承至今,培养出了王先谦、杨树达、杨伯峻、吕振羽、周谷城等杰出的人文学者。可以说这种人文传统源于湖湘文化"淳朴重义""勇敢尚武""经世致用""自强不息"等基本精神。作为人文之乡的湖南地区,在春秋战国时代属于楚国,到秦代被设为长沙郡,汉代时属于荆州地区。湖南,因整个地区的2/3位于洞庭湖南部而得名。起初秦始皇时期设立黔中、长沙二郡,汉初属长沙国,汉武帝之后被设为由荆州刺史管辖的四郡之一。与前汉时期长沙国的户数仅43470的情况相比,后汉时期长沙郡户数多达255854,由此可以推测,后汉时期湖南地区由于移民和开发得到了发展。这一现象可以通过最近出土于长沙市五一广

---

[*] 作者简介:金庆浩,韩国成均馆大学,研究方向为东亚出土文献资料研究。

场的数十万枚竹简和木简的户口文书得到确认。

秦汉统一以后，长沙国的设置、湖南地区的人口增长与经济发展以及与中原地区联系的加强等，成为了以楚文化为基础的湖南文化得以发展为比较性、联合性文化的重要契机。其中代表性的例子就是长沙马王堆1、2、3号汉墓出土的数千件重要文物。这些文物为研究秦汉时期以长沙为中心的湖南地区的文化与科学技术的发展状况提供了丰富的、极具价值的资料。特别是三个墓中出土的帛书为一直以来仅凭文献史料的记录而无法得知的古典籍产生新的理解带来了可能。现存最古老的《老子》写本与黄老四经佚书的发现恰好反映了这一点。特别是《老子》，与已经广为流传的一致，由传世的各版本《老子》的上篇《道经》和下篇《德经》构成，又称《道德经》。但是通过帛书甲乙本中的反向偏差可以确认所谓的《道德经》存在版本上的差异。此外，《老子》乙本的前部中记载了《经法》《十六经》《称》《道原》四种古佚书，它们的基本属性便是反映了统一体系的道家系统思想的书籍。其中《十六经》是假托黄帝及其大臣的言行的"黄帝"书。黄帝与《老子》写于同一书中的事实是印证战国中期"黄老之学"流行的证据。这些古佚书虽然未被记录在《汉书·艺文志》中，《艺文志》道家类相关记载中的《黄帝四经》表明，不能排除四种古佚书即为《黄帝四经》的可能性。此外，3号墓中出土的与战国时代苏秦言行相关的《战国纵横家书》在纠正《史记》中苏秦相关的记载和年代的错误方面具有重要意义。除此之外，马王堆汉墓中发掘出了的医学、天文学、地图等多样的文献，可以窥见当时学术思想的面貌。

马王堆汉墓中发掘的竹帛上记载了多种文献，可以说是现存的纸上叙事文献的原型。那么，这种文献虽然确是"古典学"研究的主要对象，但迄今为止对古典（学）的研究仍以纸上叙事文献为主要对象展开。近来，以湖南长沙地区为主的中国各地出土、整理了春秋战国时期知识分子曾阅读的多种多样的诸子书籍。笔者认为，这种出土文献，也应在理想背景下纳入古典学研究的对象和范围。以下，笔者将以湖南长沙地区为中心，重新介绍出土文献的现状和马王堆汉墓出土的文献，以探究其为何要成为新的"古典学"研究对象，以及"古典学"研究是否存在新的可能。

### 二、中国古典学研究的演变

所谓"古典"，是指过去或是经历许多时代，价值得到众多人认可，成为一种典范的作品。因此，"古典学"可以解释为是以这些过去的文史作品为基础的研究学问。那么，在21世纪高科技文明时代，为什么要针对过去的经典中包含着什么内容而展开研究呢？首先，古典学不是博物馆学，古典学是包含人类发展生命力的学问。因此，古典学的生命力是建立在历史文明发展过程中的基础之上的，所以，进入21世纪后，人们对古典教育和古典研究的兴趣和热情也与日俱增，这绝不是偶然。因为这种现象是学者们自己对过去和现在人类历史的"无知"告白，同时也是表现想要建设面向未来文明世界的自觉的一种方式。

在东亚世界，古典文献在纸张使用之前是以竹简、木简或帛书的形式存在的。这些叙事材料所写的文献，以中国为代表的东亚世界的经典流传至今，对此的认识和对其意义的重新诠释，可以说是面向未来的新认识。因此可以说，在东亚古典学的未来和发展，不是在空间、时间上都局限在特定的国家或地区，而是超越地域和时间，在东亚的空间中通过交流和沟通不断进行的。通过中国的历史，可以举如下例子。秦代针对古典籍的"焚书坑儒"终究无法损毁春秋战国时代诸子百家多样的思想。汉代古典籍的发掘和整理，成为通过对古代文字和制度的考证和认识以及通过古典的精神世界重新理解政治、社会制度的契机。贾逵、马融、郑玄、服虔、何休等学者以经学为主干理解汉代社会，司马迁对古史的整理，刘向、刘歆父子编辑、整理的大量诸子学及其他文献构成了包含丰富多样内容的中国古典学体系的基础。更何况，通过白虎观会议进行的禁古文争论，对传统不同解释的争论以及学术和政治之间错综复杂的关系形成等，都表现了古典学传统的丰富和内在的紧张。如果没有这种古典传统，今天的学者们就无法了解秦汉到隋唐的文明世界。

宋代以后的古典研究面临巨大变化。唐宋的社会变化不仅使以贵族为中心的社会变成了以士大夫为中心的社会，而且使学术世界也从"训诂学"转变为"性理学（理学）"，中国社会开始面临新的文化潮流。以古文运动为开端，新的经典解释和与此相关的许多士大夫致力于以《注礼》为本的经典解释，结果提出了新的义理体系和修身方法，理学最终发展成了具有强大生命力的存在，在此后的几百年间成为新的文化典范。这种对古典的理解，虽然与汉代有差异，但与对经典的新讲解、注释及整理工作是绝对不可分割的。由此确定了十三经的体系，确立了所谓"四书"的新经典。除《四书》以外，朱子还对《周易》《诗经》《义礼》《楚辞》等先进文献展开了解说和注释工作，开创了新的解释传统。对这种古典的新方法论的引入，为将不同时期性格的文化与当时的社会生活相结合发挥了重要作用。也就是说，宋明时期的文化结构仍然是由对古典世界的不断重新诠释而形成的。

明末清初时期，是中国历史上权力中枢由汉族向满族过渡的重要变化时期。清代对古典也进行了新的研究。主要特征是以汉、宋两大古典学传统的异同为基础，在版本的真伪、音训的考察、典章的渊源等方面取得了巨大成果。这些工作不仅是几千年学术传统的一大终结，也可以说是确立了中国古典学研究的基本规范。例如清代学者们重新编写的《尚书》《周易》《诗经》《三礼》《春秋》等经书方面的研究和《庄子》《墨子》《荀子》《韩非子》等诸子书的整理编写，以及文字学、音韵学、版本目录学等领域取得的成果都是研究、学习古典的后辈们必读的著作。况且，《四库全书总目提要》被称作古代学术的集大成之作也不为过。由此，"中华民国"以后的古典研究基本上可以说是清代学者们取得的研究成果的延续和发展。

综上所述，汉、唐时期的古典学传统为中国古典学研究提供了范例，清代古典学的成果进一步确立了东亚古典学的基本规范。那么，21世纪当今的古典学研究应该以什么样的方向和方法为导向进行思考？自20世纪中期以来，中国对"地下"的文献资料，即称为"简牍"或"简帛"的新资料进行了惊人的发掘和整理。这些资料的记录工具是叙事材料在纸张发明之前使用的竹木，其内容就是现在我们研读的经书和诸子书之类的文献。我认为应该考虑这种性质的资料是应该包括在古典学研究对象中，还是作为"简帛学"的学问领域，即把它当作另外的研究领域来认识。也就是说，在纸张使用之前，对古典的原型进行出土整理的情况下，对此的整理也可以从传统时代对古典进行的新解释和方法论这同一性质的侧面理解。因此，笔者认为，比起叙事材料的性质，应该更关注叙事内容的话语，当然与"纸上"的古典资料紧密相连的"地下"的古典资料也是古典学研究的范围和对象。在中国湖南省长沙地区出土整理的"简帛"资料尤其可以说是其典型例子。

### 三、出土文献的宝库，湖南长沙

中国的简牍发掘历史可追溯到武帝末年，据《汉书·艺文志》记载，武帝末年以孔子故居为人所知的房屋墙中发掘了用战国时代的文字记录的《尚书》《礼记》《论语》《孝经》等内容的竹简。然而，近现代发掘的木简，大多是在房屋修缮和盗掘墓葬等偶然机会中发掘的，实物也已失传。因此，根据比较系统、科学的方法开始发掘木简，主要是在20世纪以后。1900年至1949年中华人民共和国成立前，发掘的木简主要有Sven Hedin、Marc Aurel Stein、Folke Begman等外国勘探队在中国西北部发掘。因为这些地区是沙漠地带，所以不仅是魏晋时代，连汉代的木简都没有腐烂就得以大量发掘。但是，这些木简是汉代及魏晋时期的边防军事驻地所用，其中大部分是有关军事工作的内容，而且其发掘不是依靠系统科学的发掘计划，而是在沙子中的收集水平。

在中国根据更系统，更科学的方法发掘简牍是从1949年以后开始的。从下方（表1）中可以看出，1949年以来，特别是70年代以后，经过中国全境的活跃考古发掘，新疆、甘肃、内蒙古等边疆地区乃至包括湖南、湖北在内的多个地区发掘出大量战国时期楚国、秦国以及秦汉帝国的木简。在长沙发掘出最多单件的10余万枚三国时期吴国的木简，2002年在湖南省的偏僻地区龙山县里耶镇发掘出36000枚收录了20余万字的秦国木简。从1972年到1974年，在长沙市马王堆汉墓中出土的女性尸体和帛画、帛书及简牍，是能够了解前汉初期文字记录实况的珍贵资料，特别是长沙地区出土的帛书内容，被用作重新解释古代思想的主要资料。此外，包括长沙在内的湖南出土的简帛，按照时代分类，可分为战国，秦汉，西汉，东汉和三国时期的吴、晋。在叙事的文字字体方面，从楚系统文字、秦腔、汉腔到草书、行书、楷书等多种字体都得到确认，因此也为字体的变迁研究提供了非常珍贵的资料。

包括湖南长沙地区出土文献在内，在中国发掘的40万~50万枚简牍和帛书，其内容和数量都极其丰富。无论是典籍文献，还是一般行政公文书、法律文书、书信、日书遣策、物品目录、官署出入证、户籍、契约文件、习字、名片、遗书等，木简依据用途的不同以"简、牍、觚、检、楬、符、券、槃、致、传、柿、椠"等形态出土。因此，无论是数量还是形态，用途的多样性，对木简的研究都是多种多样的，这种研究在全国诗词及秦汉时代史的研究中是不可或缺的领域。在这种情况下，罗列长沙及湖南地区出土整理的简牍资料如下：

表1  中国湖南及长沙出土竹简木简一览表

| 时期 | 名称 | 发掘地点 | 枚数 | 内容 | 发掘年度 |
|---|---|---|---|---|---|
| 战国时代（楚简） | 长沙楚简 | 湖南省长沙五里牌406号楚墓 | 竹简38 | 遣策 | 1951 |
| | | 湖南省长沙仰天湖25号楚墓 | 竹简43 | 遣策 | 1953 |
| | | 湖南省长沙杨家湾6号楚墓 | 竹简72 | 不明 | 1954 |
| | 临沣楚简 | 湖南省临沣九里楚墓 | 竹简数十枚 | 不明 | 1980 |
| | 常德楚简 | 湖南省常德德山夕阳坡2号楚墓 | 竹简2 | 大事纪年 | 1983 |
| | 慈利楚简 | 湖南省慈利县石板村36号楚墓 | 竹简800~1000 | 《国语》等中的故事 | 1987 |
| 秦代（秦简） | 里耶秦简 | 湖南省湘西土家族苗族自治州龙山县里耶古城1号井 | 竹简、木牍等36000余 | 千陵县行政文书、户籍简、里程表简、祠先农简等 | 2002 |
| | 岳麓秦简 | 湖南大学岳麓书院所藏秦简 | 竹简2174 | 法律文书（《秦狱书》《秦律杂抄》《秦令杂抄》）、《质日》《为吏治官及黔首》《占梦书》 | 2007 |
| 汉代（汉简） | 长沙汉简 | 湖南省长沙市206号汉墓 | 木牍9 | 封剑 | 1951—1952 |
| | | 湖南省长沙市杨家大山401号汉墓 | 木牍1，封剑9 | 不明 | 1951—1952 |
| | | 湖南省长沙市伍家岭201号汉墓 | 封剑9 | "鱼鲊一鱼斗" | 1951—1952 |

119

续表

|  |  | 湖南省长沙市徐家湾401号汉墓 | 木札 1 | "被绛函" |  |
|---|---|---|---|---|---|
| 汉代（汉简） | 长沙汉简 | 湖南省长沙市马王堆1号汉墓 | 竹简 412，木牍 49 | 遣策 | 1972 |
|  |  | 湖南省长沙市马王堆3号汉墓 | 竹简 610（含木简 10） | 遣策、医简 | 1973 |
|  |  | 湖南省长沙市鱼阳王后墓 | 篆牌数十枚 | 遣策、赗仪简 | 1993 |
|  | 走马楼汉简 | 湖南省长沙市走马楼8号古井 | 竹简 10000余枚 | 司法公文书、私人文件 | 2003 |
|  | 东牌楼汉简 | 湖南省长沙市东牌楼7号古井 | 木牍、木简 426 | 公文书、邮驿签牌、私信 |  |
|  | 虎溪山汉简 | 湖南省沅陵虎溪山沅陵侯吴阳墓 | 竹简 1336 | 符咒、遗书、美食方 | 1999 |
|  | 古人堤汉简 | 湖南省张家界古人堤 | 竹简 90 | 汉律、医方、公文书、书信、礼物楬、历日表、九九乘法表 | 1987 |
| 三国时代 | 长沙走马楼吴简 | 湖南省长沙市走马楼22号井 |  | 行政文书、司法文书、人名簿、账簿、券书等 | 1996 |
|  | 郴州吴简 | 湖南省郴州市苏仙桥4号井 | 120余 | 经济相关资料、习字简 |  |
| 魏晋时代 | 郴州晋简 | 湖南省郴州市苏仙桥10号井 | 木简、木牍 600 余 | 桂阳郡公文书 | 2004 |

竹简·木简·木牍·木札·签牌等约 14 万

## 四、复活的汉代的古典世界

湖南省长沙市东郊，距市中心约 4 公里的地方，有东西并排布局的三座墓葬，名叫马王堆。1971 年底，在进行医院建设时，墓葬东边的部分工程已完工，于是从 1972 年 1 月到 4 月，湖南省博物馆对墓葬进行了发掘调查。直到 1974 年 1 月，一共对三座墓葬进行了发掘。在 1

号墓中出土了简牍、织物、漆器、竹木器、陶器、乐器等千件以上的贵重陪葬品，还发现了被安置在四重棺内的墓主人利仓夫人的遗体，发现时该遗体被埋葬了两千一百余年仍没有腐败，像活着那样。由于2号墓已经被盗过很多次，除了前面所说的3枚印章以外，没有其他重要的出土品，但利仓、軑侯之印、长沙丞相等印章的发现为墓葬性质的解读提供了许多线索。此外，3号墓还出土了1000件以上的珍贵陪葬品，这些陪葬品可与1号墓相匹敌，如简牍、兵器、乐器、漆器织物等。其中，出土了被称作帛书的缣帛，其中记载的大量书册，是中国古代学术史研究中从未有过的宝贵发现。

马王堆3号汉墓出土的帛书是在放置于棺材东侧，宽60厘米，长30厘米，高20厘米的长方形漆盒中发现的。发现时，帛书有相当部分受损，但经过整理和破译，马王堆帛书的内容逐渐丰富明朗。主要内容可分为与儒家经典相关的六艺类文献、与诸子百家相关的诸子类文献、与军事相关的兵书类文献、与算命相关的数术类文献、与医术相关的方术类文献等。①

**表2　马王堆汉墓帛书**

| 分类 | 帛书名 |
| --- | --- |
| 六艺类 | 《周易》（由《六十四卦》和6篇传即《系辞》《要》《缪和》《昭力》《二三子》《易议》组成），《春秋事语》《战国纵横家书》《丧服图》 |
| 诸子类 | 《老子》甲本及卷后古佚书四种（《五行》《九主》《名君》《德经》），《九主图》，《老子》"乙本"及卷前古佚书四种（《经法》《十六经》《称》《道原》） |
| 兵书类 | 《刑德》"甲篇"、"乙篇"、"丙篇" |

---

① 李学勤：《记在美国举行的马王堆工作会议》《文物》1979年第11期；除附上"＊"的6件文献外，其他文献中没有记载标题，所列举的名称在内容方面是临时性的。

续表

| 分类 | 帛书名 |
| --- | --- |
| 数术类 | 《五星占》，《天文气象杂占》，《式法》（旧名：《篆书阴阳五行》），《隶书阴阳五行》，《木人占》，《符净》，《神图》，《筑城图》，《园寝图》，《相马经》 |
| 方术类 | 《五十二病方》卷前古佚书四种（《（足臂十一脉灸经）》，《阴阳十一脉灸经甲本》，《脉法》，《阴阳脉死候》），《胎产书》，《养生方》，《杂疗方》，《导引图》卷前古佚书二种（《却谷食气篇》《阴阳十一脉灸经乙本》） |
| 其他 | 《长沙国南部图》，《驻军图》 |

名为《六艺类》《诸子类》文献以汉代图书目录《汉书·艺文志》为分类依据。其中《周易》（《六十四卦》《系辞》）和《老子》甲本、乙本作为传世文献资料广为人知。除此之外，都是未知文献，即佚书。随着如《式法》研究的进展，也有后来改名的例子。在马王堆汉墓的帛书中，最广为人知的文献虽然是《老子》，但在所有帛书中，最受关注的是数术类和方术类的文献，这些文献占所有文献的一半以上。数术类是算术，方术类是与医术有关的文献，是包括后世天文学、力学、医学、药学的中国所有科学的原型，即马王堆汉墓帛书不仅在思想史，在科学史领域也是一项具有划时代意义的发现。

依靠存世文献中无法理解的书册中，属于数术类的《天文气象杂占》对中国思想史研究中重要的"气"有了新的理解。与《天文气象杂占》相同时期有关"气"的记载，是在《史记·项羽本纪》中项羽和刘邦以霸水为界对峙的情况下，项羽的谋士范增曾劝说项羽的话：

沛公居山东时，贪於财货，好美姬。今入关，财物无所取，妇女无所幸，此其志不在小。吾令人望其气，皆为龙虎，成五彩，此天子气也。急击勿失。（《史记·项羽本纪》）

然而尽管有这些陈词，但项羽在有着绝佳机会的鸿门宴中，未能杀害沛公，最终范增的恐惧变成了现实。需要注意的是在范增提到的关于用"望气"预测未来的言论。

"气"是中国思想史上的重要用语，在人与围绕它的天地之间循环，通过人体发的外气和云形态的云气，以及通过观测太阳、月亮和天体能对未来进行预测。各种"望气术"的存在已经在流传下来的文献资料中广为人知，其具体资料除了推测为唐朝末代五代叙事的敦煌文书《占云气书》之外，几乎不存在其他部分。在马王堆汉墓中新出土的《天文气象杂占》是展示从战国到汉初的望技术的宝贵的实际资料，同时也是中国古代"气"研究中无比重要的一环。

另一个特征是，在马王堆帛书中可以确认秦末汉初时多种笔记文字的实态。当然，不能说马王堆汉墓帛书中囊括了当时存在的全部字体，但帛书上显示的多种字体，却是考察从战国时期至秦汉笔记文字演变的一个标准。关于马王堆汉墓帛书的字体可以分为三种，分被是以《老子》乙本为代表的整齐的字体，以《老子》甲本为代表的略散乱的字体，以《五十二病方》为代表的留有篆意的字体。这种分类根据与各自的名称相关，前者为隶书系，后二者为篆书系，根据不同论者[1]被叫作汉隶、古隶、篆隶[2]等。因此，在本稿中，以原来的分类为依据，将便利精炼的书体分为第Ⅰ类，稍微不统一的书体分为第Ⅱ类，保留篆意的字体分为第Ⅲ类。

---

[1] 田中東竹：《簡牘、帛書の書體と書法》，《中國法書ガイド》10 木簡、竹簡、帛書，二玄社，1990年。
[2] 陈松长：《马王堆帛书艺术概述》，《马王堆帛书艺术》，上海书店出版社，1996年版。

表3　马王堆帛书字体分类

| 分类 | 帛书名 |
| --- | --- |
| 第Ⅰ类 | 《周易》(《六十四卦》,《系辞》)、《要》《缪和》《昭力》《二三子》《易之义》,《老子·乙本》,卷前古佚书四种,《相马经》,《五星占》,《刑德·乙篇》 |
| 第Ⅱ类 | 《老子·甲本》卷后古佚书四种,《春秋事语》,《长沙国南部图》,《驻军图》,《导引图》,卷前古佚书二种 |
| 第Ⅲ类 | 《战国纵横家书》,《刑德·甲篇》,《刑德·丙篇》,《隶书阴阳五行》,《天文气象杂占》,《五十二病方》.卷前古佚书四种,《养生方》,《式法》(旧名:《篆书阴阳五行》) |

第Ⅰ类、第Ⅱ类具有紧密共同性,可以分别商定同一叙事者,而第Ⅲ类不能指出整体上紧密共同性。例如,《战国纵横家书》和《五十二病方》虽然在书风上有所差异,但在纵向长度的构成和细线的笔画上,都具有共同的特色。对此,《式法》在字的形态、样式的两个方面与《战国纵横家书》和《五十二病方》全然不同。即第Ⅰ类、第Ⅱ类的字体可以分别指出相同的来历的可能性,但第Ⅲ类可以考虑来历不同的资料混存的情况。

那么就让我们看一下各个分类的叙事年代。首先,依照对皇帝名讳的避讳字分析,第Ⅰ类《老子·乙本》卷前古佚书四种的叙事年代推测在惠帝即位后(B.C.194)至文帝即位前(B.C.180)。由于《五星占》记录了秦始皇元年(B.C.246)至前汉武帝3年(B.C.177)中五星的运行周期,因此被视为公元前2世纪上半叶的叙事。第Ⅱ类为《老子·甲本》卷后古佚书四种及《春秋四语》的叙事年代,根据避讳字的分析,推测其在高祖时期(B.C.206~B.C.195),视为公元前3世纪末至公元前2世纪前叶的叙事。第Ⅲ类是前面提到的,由于来历不同的资料混存,再加上有公元前《纪年》和避讳字等没有年代推测的依据资料,所以很难充分掌握其叙事年代,但《五十二病方》的叙事年代根据避讳字分析和秦代使用的文字可以推测为秦汉之际，即公元前3世纪末。《战国纵横家书》的叙事年代按照避讳字分析，推测在惠帝即位后（B.C.194）至武帝即位前，《邢德·甲篇》中的"今皇帝十一年乙巳"指向高祖十一年（B.C.196），由此可见其年代约在秦汉高祖、惠帝时期，即公元前3世纪末至公元前2世纪前叶。

据推断，马王堆汉墓帛书的叙事年代大致为公元前3世纪末至公元前2世纪上半期。比如说《老子·乙本》和《战国纵横家书》，乍一看存在时代差异，其实也差不多是同一时期的叙事。显然，在秦末汉初间各种书体是共存的。那么，如何从战国时代秦汉书写文字演变的角度，理解这种情况呢？第Ⅲ类的《式法》与战国时代的楚文字有着紧密联系。李学勤就此提出了以下观点：

"大部分帛书文字是以楚国古文的书写方式留传下来的，这大致是楚人最初对秦人的字体并不熟悉所导致的。例如，其中一段里有几处出现了'左'字，最初是以古文形式的'㔲'来书写，后期便用秦文字的'左'来书写了。同一段落里的'戰'字，最初是以古文形式'戰'来书写的，而后面则改为用秦文字'戰'来书写了"——《古文字学初阶》，中华书局，1985

李学勤指出的主要是字的形态，但在《式法》中，楚帛书和草简中经常可以看到明显的圆形字体样式，因此有力证明了其与楚文字的关联。据上述事实可以了解到，根据迄今为止的通说，由于秦始皇的文字统一，包括楚在内的秦以外的六国文字已完全消失。但是根据《式法》的发现，在汉初，一些地区仍然保留有楚文字。如上所述，马王堆汉墓帛书以丰富的资料为依据，向我们展示了战国时期经秦代统一，汉代过渡时期的笔记文字的各种真实情况。

马王堆3号汉墓帛书的出土，也是填补这些中国古代书籍史上空白的重要发现。但竹简和缣帛在用途上有着本质的区别，据陈盘介绍，竹简只是为了写文字的材料，而缣帛是为了画图和图形。① 陈盘再次提到了汉代图书目录《汉书·艺文志》中兵书略《别成子望军气》6篇图3卷、《鲍子兵法》10篇图1卷、《伍子胥》10篇图1卷的记载，发现班固的记录——《图3卷》《图1卷》指的是帛书，而绘制了图形的帛书被称作《卷》以区别本文中写到的竹简《篇》。那么在马王堆汉墓帛书中，本文介绍的同《天文气象杂占》一样伴有图画的帛书以及《导引图》《长沙国南部图》《驻军图》本就是帛书的对象，而《周易》《老子》等仅有文字的大部分文献反而是以竹简记录的。那么，为什么这些文献都写在丝绸上，这又成了新的问题。马王堆1号汉墓发掘时，因其墓葬和陪葬品作为诸侯大侯过于豪华，也有人认为墓主的妻子是长沙王的妻子。从这点来考量，富裕的大户们，其儿女的藏书说不定大部分都是当今超豪华本的感觉，不是日常的竹简，而是帛书。

此外，马王堆出土的帛书中，通过《五星占》的记录可以推测出部分与秦二世皇帝胡亥的即位相关的新事实。与此相关的是2013年湖南省益阳市兔子山遗迹9号井中出土的一枚木牍，该木牍是秦二世元年10月甲午日颁布的诏书，内容如下：

> 天下失始皇帝，皆遽恐悲哀甚。朕奉遗诏，今宗庙吏及着以明至治大功德者具矣，律令当除定者毕矣。元年，与黔首更始，尽为解除流罪，今皆已下矣。朕将自抚天下，（正）吏、黔首，其具行

---

① 陈盘：《先秦两汉帛书考》，"中央研究院"历史言语研究所集刊第24本，1953年版。

事，已（以）分县授黔首，毋以细物苛劾县吏。亟布①

这份诏书是胡亥即位皇帝后颁布的诏书。主要内容从"朕奉遗诏"的意思可以看出，主要是强调胡亥继位的正当性，以及元年颁布的新政治的主要方针。即抚慰天下官吏百姓，实施惠政。② 因此，诏书的内容与北京大学购买整理的秦简内容之一《赵正书》相吻合，根据这些记载，始皇帝在临终前将胡亥定为帝位继承人的可能性是很高的。③ 那么《史记》中记载胡亥是因为李斯和赵高的阴谋而即位的原因是什么？

由此联想到与二世诏书的发掘地相近的湖南省长沙市马王堆汉墓发掘的《五星占》中并无秦二世的纪年而只是沿用"始皇帝"的纪年以"张楚"标记，灭亡后以"汉元年"标记，由此推测胡亥继承的不正当性。④ 这种记录通过陈胜起兵前与吴广商议中提到胡亥继位缺乏正统性的记载⑤和叔孙通对胡亥即位持反对立场的相关叙述中可以得到确认。

---

① 对此有多种解释。本文中参考了：陈伟：《〈秦二世元年十月甲午诏书〉通译》，《江汉考古》总148期，湖北省文物考古研究所，2017，p124-p126。此外参照了：孙家洲：《兔子山遗址出土〈秦二世元年文书〉与〈史记〉纪事抵牾解释》，《湖南大学学报（社会科学版）》29卷3期，中国湖南大学，2015，p18-p20；张春龙、张兴国：《湖南益阳兔子山遗址九号井出土简牍概述》，《国学学刊》第4期，中国人民大学，2015，p6-p7；吴方基、吴昊：《释秦二世胡亥"奉诏登基"的官府报告》，简帛网，武汉大学简帛研究中心，http://www.bsm.org.cn/show_article.php?id=2025。

② 孙家洲，以上论文，2015，p18；同时发现了秦二世时期的令文，由其可以看出虽然胡亥只执政了短短三年，但他确实作为皇帝对秦进行了统治。（陈松长：《岳麓秦简中的两条秦二世时期令文》，《文物》9期，文物出版社，2015，88-92页。）

③ 马瑞鸿：《秦二世胡亥继位说考辨》，《文化学刊》7期，2017-7，p231-p234中。综合分析了《史记》和《赵正书》以及《秦二世元年十月甲午诏书》等材料，主张胡亥符合秦始皇的法定继承人是史实。

④ 裘锡圭主编：《长沙马王堆汉墓简帛集成》第一册，中华书局，2014年版，第179页。

⑤ 《史记》卷48《陈涉世家》，p1950 "吾闻二世少子也，不当立，当立者乃公子扶苏."

十二年，高祖欲以赵王如意易太子，叔孙通谏上曰："昔者晋献公以　骊姬之故废太子，立奚齐，晋国乱者数十年，为天下笑，秦以不蚤定扶苏，令赵高得以诈立胡亥，自使灭祀，此陛下所亲见……"①

叔孙通谏言不能乱改太子，秦朝早将扶苏定为太子，故赵高冒充皇帝之命，令胡亥为太子，因而招致灭国，可见废黜嫡子是不合理的。刘邦与叔孙通的对话反映出胡亥即位并非由始皇帝决定，而是由于赵高的"诈立"。根据秦末汉初时期的文献记载和出土资料的内容可以看出，胡亥的继位被认为是非正统的。这种认识可能是基于对当时时代背景和历史事实的阐释。与陈胜类似的反秦感情则成为"胡亥不当立"的理由。另外，汉初的文献和出土资料的内容都否定了秦的正统，强调新王朝的创业继承是非常自然的现象。不记秦二世纪年，而记录"张楚"的《五星占》的记载内容，也被认为是反映秦末汉初情况，湖南长沙出土的记载在这一点得到了重新认识。

## 四、结言

汉宋时期古典学研究的传统为研究包括中国在内的东亚古典学研究提供了典型范例。这些传统为将清代古典学研究确立为东亚古典学的基本规范做出了巨大贡献。清代古典学的传统和研究方法论，都是根据后世流传的"纸"所编写的文献研究（当然，以金石学研究为例，叙事材料不是"纸"）。但是，20世纪以来，通过不断对能够确认文献资料

---

① 《史记》卷99《叔孙通传》，p2724-p2725.

原型的"地下"出土文献资料进行发掘整理，应该可以改变现在和未来的古典学研究的方法。在这个过程中，对"古典"的解释是不能变的，古典的"封锁化"或"神秘化"的倾向都不利于古典学的研究发展。古典学基本上是以文献学和文字学为基础的学问。但是，对古典学研究的问题意识和研究方法等，并没有产生于古典学内部，而是来自外部。比如，中国历史上从对古典的训诂方法到考证学方法的变化，都是从相关时代与那个时代重要问题的关系中产生的。基于这种相互关系的问题，指向了对古典的新解释及对其发展意义的探究。

在21世纪地下出土的竹简、木简及帛书形态中，叙事的古典正在为重新建设古典学，为古典学走向新时期提供一臂之力。包括中国在内的汉字文化圈对东亚文明的复兴，需要对中国和东亚社会的古典文明有新的理解和诠释。刘小枫、甘阳教授主编的《经典与解释》丛书系列在短短15年的时间里出版了350余种重要的译著，这是中国学界为西方学术界的古典研究提供的基础。这些研究成果，即使是为了发掘中国和东亚各国自己的古典学传统也是很值得借鉴的。为了确立新的古典传统，出土了具有东亚古典的特性的文献。不仅在中国，最近对在韩国、日本等地出土的《论语》等书籍的研究也是为确立新的古典学传统的尝试。

但有一点需要注意，对古典学研究的传统或近代研究，实际上自清末民初以来一直在持续进行。但古典教育被等同于"反传统"，几乎全面中断，时至今日古典学乃至人文学的基础都处于非常薄弱的状态。因此，像清末民初时期大学者王国维的"古来新学问起，大都由于新发现"，以及傅斯年的"凡一种学问能扩张他研究的材料便进步，不能的退步"一语中体现的智慧一样，尽管迎来了"新"古典学研究的中兴期，但由于对这些新资料的教育和专业人才的缺乏，恐怕"新"古典学的中兴期不会轻易到来。要克服这些难题，最重要的是要为古典教育的发展出力，所有社会特别是包括大学在内的有关研究机构都要自觉地把古典教育作为人格涵养和文明复兴的基础。因为只有这样，古典学才能成为与当代现实一起认识和思考的"活生生"的学问，而不是在博物馆里展示的"不动"的学问。因为东亚古典学是在东亚文明的土壤中生存下来的学问，在21世纪将"简帛学"作为新的研究方法与古典文献相会，新古典学的研究及其成果只有在"古典"传统文化和与诠释它"现在"的问题意识共同前进的时候，才会有成长和发展。

# 南宋湖湘学派张栻与退溪学派郑逑

李昤昊[*]

## 一、序论

湖湘学派（湖南学派）在中国思想史上占有举足轻重的地位。虽然会以北宋的周敦颐作为湖湘学派的鼻祖，但事实上让该学派在中国思想史上正式展现其风采的还是南宋的胡安国、胡宏和张栻等人。

南宋建炎年间，胡安国、胡宏父子为躲避战火，从荆门移居至湖南碧泉。当时居住在这里的长沙人黎明积极帮助胡安国父子，从而奠定了以这一地区为根据地的湖湘学派的基础。此后，胡氏父子在该地区建立了碧泉书院、文定书堂等，在教授弟子的过程中创立了湖湘学。[①] 当时，该区许多学者进入碧泉书院和文定书堂钻研学问，其中最著名的人物便是南轩张栻（1133—1180）。张栻于绍兴三十一年（1161年）在碧泉书院结识了胡宏，并拜他为师，开始崭露头角，最终获得了湖湘学派的一代宗师地位。日后，张栻以长沙岳麓书院为中心开展讲学活动，主

---

[*] 作者简介：李昤昊，韩国成均馆大学，研究方向为韩国经学东亚思想研究。
[①] 朱汉民：《湖湘学派与湖湘文化》，长沙：湖南大学出版社，2010年版，第37—39页。

导了湖湘学派的中兴。在这一过程中，张栻所主导的湖湘学与朱熹的闽学、吕祖谦的婺学、陆九渊的江西学等一起，成了当代中国儒学界的中枢。[①] 此学脉传承至清末。

南宋时期创立的闽学、婺学、江西学、湖湘学都传入了朝鲜，都产生了其独特的影响。特别是朱熹的闽学（朱子学）是朝鲜儒学的根源所在。因此在朝鲜关于接受和发展朱子学的论据最为精密，吕祖谦和陆九渊的学问也传入了朝鲜，受到了接纳或批判。但是，目前几乎没有关于张栻的学问是如何传入朝鲜、被谁接受、产生什么影响的研究。

笔者曾考察过，张栻的学问被朝鲜的退溪学派郑述（1543—1620）积极吸收，这在一定程度上影响了朝鲜实学派的诞生。笔者希望通过本文能够明确掌握郑述思想的精髓，对《洙泗言仁录》和《心经发挥》进行分析，集中究明这一论点。那么，我们首先从郑述的思想在朝鲜儒学史上占有什么样的地位开始讨论。

## 二、朝鲜儒学史中对郑述的评价

自高丽末期接受朱子学以来，从高丽到朝鲜末期，中国朱子学的接受和传入较为迅速。这反映了在接受朱子学方面，朝鲜在朝和在野的儒学者们有着知识的倾斜。正因为如此，朝鲜的儒学盛行朱子学，虽偶尔出现阳明学或实学，但无法摆脱朱子学的磁场。但这并不意味着朝鲜学问是对中国朱子学的从属。朝鲜自接受朱子学以来，历经退溪李滉，逐渐成为具有朝鲜特征的朝鲜朱子学。以宋时烈为首，形成了考证研究朱子典籍朱子书文献学的尤庵学派。这是东亚儒学史上朝鲜独有的现象，

---

[①] 朱汉民：《湖湘学派与湖湘文化》，长沙：湖南大学出版社，2010年版，第40页。

因此我们可以将其评价为朝鲜朱子学。① 朝鲜成为朱子学国家,退溪、栗谷、宋时烈等朝鲜中期朱子学的巨匠起到了核心作用,其影响从朝鲜后期延续至今。那么从朝鲜前期到中期,朝鲜的儒学思想史就是一边倒的朱子学吗?

借着这种朱子学一边倒的空隙,有学者将新的儒学脉络提供给了我们的儒学思想史,他就是寒冈郑逑。郑逑在韩国儒学史上具有非常特殊的地位。因为他被认为既是朝鲜朱子学巨匠退溪学和南冥学的嫡传,又是实学的渊源所在。

① 《寒冈先生言行录》中李䈽的记录

以余观之,退溪朱子后一人也,先生退溪后一人也。②

② 《旅轩先生文集》中张显光的祭文

承正论于头流(曹植——笔者),所以树立者,如柱得磩,闻的旨于陶山(退溪——笔者),所以契悟者,如入兰室。③

③ 《与犹堂全书》中的尹进士行状

退溪寒冈之学,独传于大岭之南,而京辈贵游之子,弁髦六

---

① 关于退溪学派和栗谷学派确立的朝鲜朱子学的面貌,李昤昊:《通过退溪经学看朝鲜朱子学的独自性问题》,退溪学论集8号,岭南退溪学研究院,2011.
② 李䈽:《寒冈先生言行录》,东湖先生文集卷二,韩国文集丛刊13,第546页。
③ 张显光:《祭寒冈郑先生文》,旅轩先生文集卷十,韩国文集丛刊60,第205页。

经，放旷不羁。①

④《樊岩先生集》中的星湖先生墓志铭

但念吾道自有统绪，退溪我东夫子也。以其道而传之寒冈，寒冈以其道而传之眉叟，先生（李瀷—笔者）私淑于眉叟者。②

从①中可以看出，郑逑在当时的地位是继承了从朱子到退溪的朱子学脉络的学者。另一方面，从②中可以看出，在朝鲜儒学史的地位上，郑逑同时继承了朝鲜朱子学的泰斗退溪和南冥曹植。从③和④中可以看出，郑逑的学问是由岭南退溪学派一脉继承的，另一脉是由眉叟许穆继承，为近畿实学派。从某种角度来说，朝鲜的朱子学和实学是连续的，从不同的角度来说，这两个学统的分歧点是郑逑。也就是说，郑逑的思想不仅是对退溪学的继承，同时也是实学的先驱，因此具有深远的意义。

晚年郑逑收集《论语》中关于"仁"的诸说，将其编成《洙泗言仁录》，在《心经发挥》中对《论语》中的一些话重新进行了注释。依次在对其进行考察时，发现郑逑思想的特点，探索郑逑的学问与其思想的联系。

## 三、《洙泗言仁录》与《心经发挥》

（一）《洙泗言仁录》：张栻再编《洙泗言仁》

1604年12月18日，郑逑编纂了《洙泗言仁录》一书，在末尾写

---

① 丁若镛：《玄坡尹进士行状》，与犹堂全书，第一集 诗文集 第十七卷，韩国文集丛刊281，第374页。
② 蔡济恭：《星湖李先生墓碣铭》，樊巖先生集 卷五十一，韩国文集丛刊236，第444页。

下如下跋文。

> 人而不仁，不可以为人，仁非私欲尽而天理全，不足以言仁。此圣门诸子所以拳拳于问仁，而夫子亦不得不谆谆于罕言之余也。程子所以欲令学者类聚观之，而南轩先生遂编成书。……余以东偏末学，早而有志，晚而无成，由不能自力于体认之方也。深切愧悼，常恨不得见张子所编，幸而得于他书之中，拈出而书之，添附朱子集注与所引程，张以下诸贤之论，作为一书，以为潜翫熟复之地。①

从郑逑的这则跋文来看，《洙泗言仁》是程子收集《论语》中有关"仁"的言论的一手资料。南轩张栻再次收集有关资料，用《论语》中仁说的一种编撰成书。郑逑苦求该书，终未求得。于是自己亲自收集相关资料，重新编印，将这本书命名为《洙泗言仁录》。但郑逑想要寻求张栻的《洙泗言仁》的尝试是徒劳的。

张栻编撰的《洙泗言仁》有宋代刻本，在尤袤（1127—1194）编纂的《遂初堂书目》中有著录。但是，在《宋史》和《艺文志》中已经看不到此书的踪影，此后的很多书目和书志中也都没有提到这本书。由此看来，这本书不知出于什么原因，早已佚失了。②但是，在《南轩集》通行本卷14中留有《洙泗言仁序》的痕迹。也就是说，这本书在中国早已是只剩下序言的书。郑逑不知这些情况，焦急地求购这本书。

---

① 郑逑：《跋文》，洙泗言仁录，国立中央图书馆，泗南书庄藏板。（该跋文出自《书洙泗言仁录后》寒冈先生文集卷九，韩国文集丛刊53，第258页。）
② 详见张栻：《前言》，《张栻全集》（上），长春出版社，1999年版，第10页；程元敏，《张栻"洙泗言仁"编的源委》，《孔孟学报》第11期，"中华民国"孔孟学会，1966年版。

最终，郑述没有找到这本书，他根据《南轩集》中的《洙泗言仁书》和张栻留下的记录，重新编撰了该书，并将其命名为《洙泗言仁录》。

观察郑述《洙泗言仁录》的编辑体制，他从《论语》中选出孔子所说的54条经文，下面依次排列着二程、朱子、张栻的仁说。郑述选出的54条《论语》按篇列出如下。

《学而》：2章，3章

《八佾》：3章

《里仁》：1章，2章，3章，4章，5章，6章，7章

《公冶长》：4章，7章，8章

《雍也》：5章，20章，21章，24章，28章

《述而》：6章，14章，29章，33章

《泰伯》：2章，7章

《子罕》：1章，28章（*《宪问》：30章→内容相似，所以判断后文为粘贴）

《颜渊》：1章，2章，3章，20章，22章，24章

《子路》：12章，19章，27章

《宪问》：2章，5章，7章，17章，18章

《卫灵公》：8章，9章，32章，34章，35章

《阳货》：6章，8章，21章

《微子》：1章

《子张》：6章，15章，16章

程子与朱子的经说收录于《洙泗言仁录》中，主要被《二程集》和《论语集注》引用。我们所关注的是继程朱之后张栻的论语解。张

栻模仿《洙泗言仁》进行创作，并由郑述编辑，但张栻的论语解与程颢、程颐、朱子的论语解有所区别。首先我们来看郑述引用了论语解的哪些部分。众所周知，张栻是论语注释书《论语解》（又名《癸巳论语解》）的编纂者。郑述《洙泗言仁录》中大部分直接引用了张栻的《论语解》内容，但仔细观察能发现一些如下所示的差异。

①《八佾》3章：子曰："人而不仁，如礼何？人而不仁，如乐何？"

论语解《八佾》3章：礼乐无乎不在，而其理则著于人心。人仁则礼乐之用，兴矣，人而不仁，其如礼乐何？

洙泗言仁录《八佾》3章：礼乐无乎不在，而其理则著于人心。人仁则礼乐之用，兴矣，人而不仁，其如礼乐何？

②《里仁》2章。子曰："不仁者，不可以久处约，不可以长处乐。仁者安仁，知者利仁。"

论语解《里仁》2章：安仁者其心纯一，不待勉强，而无不在是也。利仁者知仁之美，择而为之，故曰利也。

洙泗言仁录《里仁》2章：安仁者其心纯一，不待勉强，而无不在是也。利仁<u>则有所择，知其为美，而为之，故曰利也</u>。

③《学而》2章。有子曰："其为人也孝弟，而好犯上者鲜矣，不好犯上，而好作乱者，未之有也。君子务本，本立而道生，孝弟也者，其为仁之本与！"

论语解《学而》2章：其为人也孝弟，与孟子所言其为人也寡欲，其为人也多欲，立语同。盖言人之资质，有孝弟者，孝弟之

137

人，和顺慈良，自然鲜好犯上。不好犯上，况有悖理乱常之事乎？君子务本，言君子之进德，每务其本，本立则其道生而不穷。孝弟乃为仁之本，盖仁者无不爱也，而莫先于事亲从兄，人能于此，尽其心，则夫仁民爱物，皆由是而生焉。故孝弟立则仁之道生，未有本不立，而末举者也。或以为由孝弟可以至于仁，然则孝弟与仁为异体也，失其旨矣。

洙泗言仁录《学而》2章：亲亲仁也。仁莫大于爱亲，其次则从兄，故曰行仁必自孝弟始。爱之所施，由是而无不被者矣。

郑逑的《洙泗言仁录》中引用的内容大部分如①所示，是直接引用了张栻的《论语解》。这表明郑逑在《洙泗言仁录》中引用的张栻关于论语解说的底本是《论语解》。但如同②中画线部分，虽然文字上有出入，但文理基本相同；也有如同例③中整个文段都不一样的情况。《论语解》是张栻和朱子进行论辩后修改而成的著作，并在朱子发行《南轩集》之前就已经发行了①。虽然现在无法知道该书的种类，但考虑到张栻的著作出版时间较早，并接受了朱子的校正后重新出版，所以有与通行版本不同的《论语解》存在的可能性。通行本《论语解》和《洙泗言仁录》中引用的《论语解》的文字的出入，以及文章的相异性都表现出了这种可能性。特别是，在例文③中，郑逑通过《洙泗言仁录》引用的《论语说》在张栻的文集或经传注释中都找不到。虽然句子不同，但仔细读一读就会发现文章的含义具有相似性。这或许是经过校对朱子后大幅修改文章的痕迹，并且郑逑可能是用了一本正在校正中的某版《论语解》作为《洙泗言仁录》的引用著本。这表明，目前通

---

① 对此，朱子所著的张栻的碑铭《右文殿修撰张公神道碑》和《四库全书总目提要》的《癸巳论语解提要》记载了当时的情况。

行本《论语解》和其他版本的《论语解》可能是一同传入朝鲜并传播的①。郑述从张栻的《论语解》中提取了关于"仁"的注释，编成书熟读后当作自己生活的指南，这就暗示了张栻的思想已经渗透到了郑述的思想中。众所周知，郑述思维的基础是朱子学和退溪学。但是，阅读《洙泗言仁录》，就能发现在与朱子学有细微的区别之处时，郑述选择接受南轩学。尤其在《学而》2章和《述而》14章中，该特点尤为突出。

朱子在《学而》第二章中这样定义"仁"："仁者，爱之理，心之德也"，并借用程子的话进行阐述："……论性则以仁为孝弟之本……盖仁，是性也，孝弟，是用也。性中，只有个仁义礼智四者而已，曷尝有孝弟来？"②这明显是把"仁"的本质理解为抽象性范畴，而非实践领域。与此相比，张栻对此的注释如上文《洙泗言仁录》引文所示，认为"亲亲仁也。仁莫大于爱亲，其次则从兄，故曰行仁必自孝弟始。爱之所施，由是而无不被者矣"。③这明确地把"仁"理解为一种实践性品德。也就是说朱子认为"仁"是抽象德行，张栻认为"仁"是实践德行。郑述在《洙泗言仁录》中同时引用了《论语集注》中的朱子学说和张栻的学说。这表明郑述以朱子学的思想体系为基础，同时兼顾了张栻重视实践的思考方式。

一方面，在《述而》第14章中关于孔子是否会辅佐与父亲争位的

---

① 没有找到符合这一主张的书面证据，仅从可能性的角度进行讨论。日后如能找到相关证据资料，将补充完善、再次提出。
② 朱熹：《学而》第二章的朱子注释《论语集注》，"仁者，爱之理，心之德也……论性则以仁为孝弟之本……盖仁，是性也，孝弟，是用也。性中，只有个仁义礼智四者而已，曷尝有孝弟来？"
③ 郑述：《学而》第二章，《洙泗言仁录》，国立中央图书馆，泗南书庄藏板，"亲亲仁也。仁莫大于爱亲，其次则从兄，故曰行仁必自孝弟始。爱之所施，由是而无不被者矣。"

卫国国君辄这一问题，朱子认为"若卫辄之据国拒父，而唯恐失之，其不可同年而语明矣①"，用只言片语从名分论角度严厉批评。然而看过张栻对此的注解后，郑逑又加上了这样的注解："卫辄之事，国人论之，以为蒯聩既得罪于先君而出奔，而辄受先君之命，宗国不可以无主，则立辄而拒蒯聩，可也。曾不知蒯聩父也，辄子也，父子之义先亡，而国其可一日立乎②。"可以说郑逑与朱子主张一致，但与朱子相比，郑逑充分考虑了当时的历史情况后又进行了详细叙述。这基本上可以说张栻重视历史的学术特征反映到了注释上。在郑逑的思想中，无论是重视实践的倾向，还是对历史和眼下地区③的关注，都与张栻的这些学术特征有一定的联系，这些后文将再作叙述。

接下来我们通过《心经发挥》的《论语》分析，进一步研究郑逑的学术特征。

（二）《心经发挥》：程敏政《心经附注》的再构成

程敏政（1445—1499）编纂的《心经附注》经由退溪④，其重要性得到认识，成为朝鲜朱子学者们的必读书籍。然而程敏政的《心经附注》过度推崇尊德性，使人们对其褒贬不一。从退溪在《心经附注》后面附《心经后论》来看，问题的起因可能是程敏政引用了元朝代表性儒学者吴澄（草庐先生，又称临川吴氏，1249—1333）的文章。对于吴澄的学问，有"受中国禅学影响"的批评。尽管如此，程敏政却将吴澄的

---

① 朱熹：《述而》第十四章，《论语集注》，"若卫辄之据国拒父，而唯恐失之，其不可同年而语明矣。"
② 张栻：《述而》第十四章，《论语解》，"卫辄之事，国人论之，以为蒯聩既得罪于先君而出奔，而辄受先君之命，宗国不可以无主，则立辄而拒蒯聩，可也。曾不知蒯聩父也，辄子也，父子之义先亡，而国其可一日立乎。"
③ 李宇成在民族文化促进会《国译·寒冈集》的《题解》中指出郑逑的思想特点为博大精深，并提及了历史、传记类著作。
④ 退溪在《心经后论》中称，《心经附注》与平时的四书、《近思录》一样值得遵信。

学说引用在了《心经附注》中的《闲邪存诚章》《诗云潜虽伏矣章》《朱子敬斋箴》《尊德性斋铭》等 4 处。退溪对程敏政引用吴澄的这些说法有以下看法:"吴氏之为此说,何见,篁墩之取此条,何意?……二公生于其后,而任斯道捄流弊之意切,不得已而为此言,是亦朱子之意耳,亦何伤之有哉?[①]"退溪承认了吴澄被中国禅学所影响[②],但也支持程敏政引用吴澄的说法。

退溪虽然忠实地继承了朱子学,但在"尊德性"和"道问学"并重的朱子学面前更偏向于"尊德性"。退溪学作为朝鲜朱子学,其特征被定性为"理发说",而这种"理发说"是退溪通过探索人类存在的内涵而创造出来的。因此基于尊德性,退溪学得以展开。退溪学的这种偏重尊德性的倾向,使人们批评(或误解)它受到了陆王学的入侵,使得与外在事物相比,更重视人的内心[③]。郑逑是退溪的嫡传弟子,但关于这一点似乎有和师父不同的看法。例如,郑逑在编纂《心经发挥》时,将退溪肯定的《心经附注》引用的吴澄之说全部删除;尽管郑逑也非常重视退溪所重视的"敬",在《心经发挥》中对这个"敬"的注释特别用心,但在此过程中,郑逑的思想面貌逐渐浮出水面。我们通过《心经发挥》的序文进一步了解这一点。

> 西山先生又历选前后经传之训,编为此书,以立心学之大本,于是敬之为公于此心,益明且显……常怪程氏(程敏政——笔者)

---

[①] 程敏政,《心经后论》,《心经附注》,"吴氏之为此说,何见,篁墩之取此条,何意?……二公生于其后,而任斯道捄流弊之意切,不得已而为此言,是亦朱子之意耳,亦何伤之有哉?"

[②] 退溪在《心经后论》的末尾中说道:"反复研究草庐公的话,终于觉出了佛教的迹象。"

[③] 最具代表性的研究是台湾学者李明辉 2008 的《四端与七情》,台大出版中心。

之注其所取舍，或多未莹①。

郑逑的《心经发挥》在第5章（敬以直内），12章（天命之谓性），14章（诚意），16章（礼乐不可斯须去身），22章（牛山之木），24章（仁人心），37章（尊德性齐铭）等内容上对《心经附注》进行了大量补充完善②。尤其是对第5章（敬以直内）进行了大幅补充，其注释占到《心经发挥》总注释内容的20%以上。那么在《心经发挥》中郑逑完善的部分是什么？程敏政对《心经附注》中提到的学者们做出了取舍和选择，而郑逑对程敏政的眼光持怀疑态度，仅凭借自己的眼光对学者们的说做出了全新的取舍和选择，从《心经发挥》的重构中可以明显感受到这一点。那么，针对郑逑是选择了哪些学者们的说来重构《心经》这一点，我们决定来仔细观察其最下功夫的第5章（敬以直内）所参考的学者。对比程敏政的《心经附注》，《心经发挥》会更加清楚。

心经附注：程子，朱子，尹和靖，上蔡谢氏，祁宽，西山真氏，勉斋黄氏，觉轩蔡氏，五峰胡氏

心经发挥：程子，朱子，龟山杨氏（2次），西山真氏，五峰胡氏，南轩张氏（15次），尹彦明，东莱吕氏（4次），上蔡谢氏，勉斋黄氏，和靖尹氏，觉轩蔡氏，范氏，蓝田吕氏，北溪陈氏（2次），致堂胡氏，周子，延平李氏，敬斋胡氏，武夷胡氏

① 郑逑：《心经发挥序》，寒冈集卷十，韩国文集丛刊53，第283页。
② 严然锡：《寒冈郑逑心经发挥的经学思想层面的特征和意义》，《退溪学论集》13号，岭南退溪学研究院，2013，第192页。

正如画线部分所示,郑逑在《心经发挥》中所引用的人物是《心经附注》的2倍之多。但是仔细看发现,其引用最多的竟然是在《心经附注》中无迹可寻的张栻(南轩张栻)的话①。吕祖谦(东莱吕氏)4次,时(龟山杨氏)和陈淳(北溪陈氏)2次,其他学者各1次,而张栻的话引用多达15次。那么,作为郑逑引用最多次的话,张栻的"敬说"有什么特点?下面是郑逑在《心经发挥》中引用的张栻"敬话"的部分内容。

  南轩张氏曰:"敬者,宅心之要,而圣学之渊源也。"
  又曰:"所谓主一无适,真学者指南。"
  又曰:"详考从上圣贤以及程氏之说,论下学处,莫不以正衣冠肃容貌为先。盖必如此然后得所存,而不流于邪僻。'易'所谓闲邪存其诚,程氏所谓制之于外,以养其中者,此也。"

看阮元撰写的《经籍籑诂》可知,唐以前"敬"字的意思主要是"谨慎""恭敬""严肃端庄"②,属于外在实践。接着到了朱子理学时代,又添加"主一无敌""惺惺法"等内在心态的意思③。即到了朱子理学时代,敬作为内外兼具的学习方法占据了一定地位。

观察张栻与"敬"相关的观点,"敬"可视作圣学的本源,其含义为"主一无敌",这种观点是接收于程朱对"敬"的定义。但是张栻的敬在结合朱子理学内外的敬中,稍微偏向于外部实践的那层含义。上文

---

① 严然锡:《寒冈郑逑心经发挥的经学思想层面的特征和意义》,《退溪学论集》13号,岭南退溪学研究院,2013,第186页。
② 阮元:《经籍籑诂》,中华书局,1982年版,第1777、1789页。
③ 陈淳著,金英民,译:"敬"条,《北溪字义》,艺文书院,1993年版。

最后的引用文"莫不以正衣冠肃容貌为先"和"制之于外",完全展现出了张栻的敬说。这样看来,尽管郑述接收了融合朱子理学内外的敬说,但考虑到他用较多笔墨写了倾向于外的张栻敬说这一点,郑述对于敬有其自我指向。

另一方面,郑述在《心经发挥》的《论语》一章中,书写了大量张栻敬说的注释集。程敏政在《心经附注》中引用《论语》原文和注释的地方是:《子罕》4章(子绝四章),《颜渊》1章(颜渊问仁章),《颜渊》2章(仲弓问仁章)。郑述在《心经发挥》中直接引用了《论语》的这三处敬文,还有与程敏政不同的注释。那么郑述在《心经发挥》中是引用了谁的学说而使其区别于程敏政呢?对比程敏政《心经附注》和郑述《心经发挥》所引用的学者,一看便知[①]。

《子罕》4章(子绝四章)《心经附注》:程子,朱子,西山真氏,勿轩熊氏

《心经发挥》:程子,张子,朱子,黄氏,<u>南轩张氏</u>

《颜渊》1章(颜渊问仁章)《心经附注》:程伊川,张横渠,朱子,西山真氏

《心经发挥》:程伊川,谢氏,朱子,<u>南轩张氏</u>,西山真氏

《颜渊》2章(仲弓问仁章)《心经附注》:程子,朱子,东嘉史氏

《心经发挥》:朱子,游氏,<u>南轩张氏</u>

---

① 严然锡,上文,185~191页将《心经附注》和《心经发挥》中引用的学者的分布进行整体比较后提出研究论文.

比较程敏政和郑述在《论语》三处敬文中引用的学者，最突出的就是上方划线的部分。也就是说，郑述在所有《论语》章节中都引用了张栻，然而在程敏政《心经附注》中张栻一次都没有被引用。仔细观察郑述所引用的张栻学说的来源可发现：①《子罕》4章（子绝四章）中来源于真德秀的《西山读书记》；②《颜渊》1章（颜渊问仁章）来源于《南轩集》的《勿斋说》，《答乔德瞻》《克斋铭》；③《颜渊》2章（仲弓问仁章）来源于《论语解》。由此可见，郑述不仅从张栻的主要著作《南轩集》《论语解》，还从真德秀的著作中收集了张栻的说并运用到了《心经发挥》《论语》章节中。那么郑述是对程敏政所引用的学者的说有什么不满意，才不采纳他们而补充张栻的说呢？这一点可以通过比较③《颜渊》2章（仲弓问仁章）中东嘉史氏的说和张栻的说来说明。

心经附注《仲弓问仁章》"东嘉史氏"说

东嘉史氏曰："出门使民，虽人所同知之地，敬之至与不至，则己之所独知者也……然此不能谨之于己所独知之地，则人所同知者，特象恭色庄耳，此谨独，所以为动时主敬者然也。至于俨若思，又未出门使民之前，内主于敬，初无怠惰放肆之习，虽未与物接，常整齐严肃，若有所思耳，非静时主敬之谓乎？"

心经发挥《仲弓问仁章》"南轩张氏"说

南轩张氏曰："出门如见大宾，使民如承大祭，盖平日之涵养，一于敬，故其出门使民之际，皆是心也。己所不欲，勿施于人，强恕者为仁之方也。凡人有欲而不得则怨，若夫平易公正，欲不存焉，则己无所怨于人，和平之效，人亦何所怨于己哉？故曰：

145

'在邦无怨，在家无怨。'"

《西经附注》东嘉史氏（史伯璿，1299—1354）的说，《仲弓问仁章》讲述的内容是内部的"敬"，如若没有此"敬"，就人们"出门差遣民力"这一点，人只不过外表看起来恭敬，脸色庄严。并且，其强调在出门差遣民力前内心一定要带有敬。东嘉史氏的此番解析将《论语》的敬文全部归属到内心的敬，受到了《心经讲录》的强烈批判[1]。另一方面，郑逑《心经发挥》完全抛弃东嘉史氏的解析，以张栻的说补充代之。从上面可以看到张栻对于敬文的说，并没有否定平常敬的培养，但他也强调，像这样培养敬的人在出门差遣民力前，一定要平易公正，只有这样才不会遭到他人埋怨。对比东嘉史氏的内心指向性，张栻的解析更加注重于现实的实践。

## 四、张栻和郑逑

绪论中提到过，南轩张栻是南宋湖湘学派开山祖师胡宏（五峰胡氏，1106—1161）的嫡传弟子[2]。生前与吕祖谦、朱熹并称为东南三贤，威望极高。其对朱子和道学的主要理念展开讨论，使双方相互影响，并以此闻名。张栻对朱子学说确立一己之地给予了极大的帮助。因此，朱熹也于1184年亲自编辑《南轩集》[3]，为较早一步与世长辞的张栻写了神道碑（"右文殿修撰张公神道碑"）。朱子在自我思想形成过程中，通过张栻确立了中和旧说这一学说，可简略谈一下这个过程。因

---

[1] 与此相关文献成白孝译注，"译注·心经附注"，传统文化研究会，2003，第118页。
[2] 黄宗羲在《南轩学案》《宋元学案》对此认为"五峰之门，得南轩而有耀。"
[3] 《四库全书总目提要》和《南轩集提要》中详细记录了朱子编纂《南轩集》的过程。

为张栻思想的核心可以对比朱子来掌握，这是可以与前面提到的郑述的思想渊源相延续的支点。

朱子的老师延平李侗（1093—1163）离世后，他未能完全理解老师的学说"未发气像体认"。朱子请张栻指正"未发"的问题，张栻告知以湖湘学的"察识端倪说"。朱子听闻后表示大力支持，并说道"在日常生活中操存和辩察，所以本末一致，效果更易显现"①。当时朱子批判了正伊的"在未发生的时候存留"的主张，并试图纠正一贯偏重于静的错误，结果被偏重于行动的张栻的湖湘学所倾倒。② 这就是所谓的朱子的思想历程中中和旧说的确立。③ 此外，朱子还接受以张栻为中心的湖湘学派通过这种学习方法主张"持敬主一"，把"敬"作为存养学习的基础。张栻平时反省由事亲、从兄、处事、应物中产生的头绪，《南轩集》中收录的《敬简堂记》《主一箴》《敬斋铭》等很好地展现了南轩学的特征。

一方面，张栻在"察识端倪说""持敬主一说说"之外，颇为关注史学撰写了《经世纪年》《汉丞相诸葛忠武侯传》等史书、传记。这也是张栻继承了湖湘学起源的胡宏及其父胡安国史学传统的表现。④

张栻的著作包括他的文集《南轩集》和《论语说》《孟子说》等

---

① 束景南注，金岱琬译，《朱子评传》（上），历史批评设，2015，505页，二次引用。
② 束景南著，金岱琬译，《朱子评传》（上），512页。
③ 后来朱子不再受中华旧说之母张栻的察识端倪说的影响，而是以自己学说的核心树立起所谓的中华新说。朱子的中华新说，只偏于静，克服了察识学习的不足，克服了只偏于行动而缺乏涵养学习的形式，以经为中心贯穿动静为要旨。（参考前书p574）
④ 对于张栻继承的湖湘学派的史学传统，Tillman 认为"以胡宏为《译传》做的注释为基础，张栻强调了易经在经世和政治道德方面的指导意义。此外，《经世纪年》中反映了丰富的实务经验，《汉丞相诸葛忠武侯传》体现出胡氏家族的传统之一即历史编纂中应该体现道德精神。"（Hoyt C. Tillman 저, 김병환译，《朱熹的思维世界》，教育科学社，2010年版，第59页。）

147

经典注释书，以及收录了朱子受张栻影响时期与衡岳同游时所写的149首诗的《南岳唱酬集》。张栻的这些著作何时传入朝鲜不得而知，从6世纪中叶《南轩集》在朝鲜发行来看①，可以推测其流入在此之前。

也就是说在郑逑活跃于学问活动之时，张栻的著述已经在朝鲜刊行。在这种氛围下，郑逑可以轻易地求读张栻的文集或经典注释书。前文所见郑逑的《洙泗言仁录》和《心经发挥》的编纂中集中引用张栻的《文集》和经典注释书，这恰好体现了这一情况。况且，从《南岳唱酬集》中郑逑游览山野时携带阅读的内容来看②，郑逑涉猎了张栻大部分的主要著作，并将此视为自己学问的养分。

如上所述，郑逑祖述了朱子与退溪，并将此传给了岭南。另一方面，通过许穆形成了近畿南人的学术体系，发挥了核心作用。即，以退溪为根源，观察郑逑的地位，可以发现退溪学对朝鲜的朱子学和实学起到了连接纽带的作用。

既往研究认为郑逑的学问混有性理学因素和经世学因素，并赋予了郑逑思想内在的经世学要素是他独立创造的含义。③ 但是笔者在分析张栻的学问对郑逑思想产生的影响时，推断出所谓郑逑思想内在的经世学面貌正是源于张栻。后世实学传承的郑逑思想要素包括：在现实中注重实践，关注历史，警世倾向等。但这种特点正是我们之前分析的南轩学

---

① "宣祖七年甲戌（1574，万历二年）11月5日"，《国译朝鲜王族实录》，"（金宇颙）禀告道，'南轩的文集对学习的人也是有益的，请印出来吧'，于是全都照办了。"《眉岩集》第13卷"日记"丙子年（1576）："颁赐了《南轩集》，据说熙春得到了'点'。"

② 郑逑，《伽倻山游览录》，《寒冈集》第九卷，韩国古典综合DB古典翻译书，"终于办好了行装，有一袋米、一瓶酒、一箱菜、一篮子水果。书只有一本《近思录》和一本《南岳唱酬集》。"

③ 洪元植，《郑逑的寒冈学和退·南学》，"岭南学"26号，庆北大学岭南文化研究院，2014 参考。

的主要特征,是郑逑通过张栻的文集和经典注释书积极接受之处。如果考虑到这种影响关系,那么郑逑以注重老师退溪的内心世界为基础,而重视外在的经世而建立自己学问的一点就是通过这种影响关系自然而然地形成的。那么,我们可以说,从郑逑思想内在的经世因素—后代继承的观点来看,实学因素—是南轩学结合朱子学(退溪学)形成的。

## 五、结论

退溪学派通常沉浸于人的内心世界,不致力于经世著作。但是作为退溪学的嫡统,郑逑在以经世为目标的著述和书籍的编纂上,下了很大的功夫,取得了丰硕的成果。① 再者,与退溪之后退溪学派埋头内在心性学习相比,郑逑既沉潜于内在心性,又把外在实践作为自己思想的重心。因而被认为兼采了性理学的心性论和实学的经世学,特别是后者经世学的因素还被看作是郑逑独立开辟的领域。但是笔者研究郑逑留下的《洙泗言仁录》和《心经发挥》中留下的《论语》解释,找到了郑逑思想的新根源,那就是与朱子并称宋代理学双璧的张栻的学问。

张栻是在朱子确立自己思想的过程中起到决定性作用的儒学家。当朱子确立自己被称为中华旧说的思维体系时,张栻对形成中间阶段的中华新说起到了核心作用。对比朱子和张栻的思想,在相互影响中,有很多相似之处。但与朱子相比,张栻既注重内在心理修养,又注重外在实践。郑逑在朱子学和退溪学的基础上,正是通过南轩学这种注重实践的一面,才完成了自己的思维体系。可以说,从退溪学的角度来说,郑逑的学问确实更关注于从思维层面和实践层面外在的现实和实践。郑逑思

---

① 根据李宇成先生的文章,郑逑撰写了性理学7种,礼学4种,历史、传记10种,地方志8种,医学2种,文学3种。(李宇成,前文,p7—8)

想的这种特征扩大了退溪学的外延,使之最终成为朝鲜后期实学派的思维源头。后来茶山在撰写《心经密验》时引用了郑逑引用张栻敬说中的"论下学处,莫不以正衣冠肃容貌为先",并称之为控制古人内心的核心方法①。这可以认为是接纳了张栻的郑逑学问继承为实学派的例子。正因为有了接受了南轩学的郑逑,朝鲜前期儒学思想史才能摆脱朱子学的一边倒,增添新的色彩,这也成了打开朝鲜后期儒学思想新篇章的基础。对郑逑的学问既继承了退溪学,同时又是实学派根源的评价,正是基于一点形成的。

---

① 丁若镛:《心性总义—君子反情和志章》,《心经密验》,韩国文集丛刊282,第43页。"南轩曰古圣贤论下学处,莫不以正衣冠肃容貌为先,案制之于外,以养其中,此是古人治心之要法。"

# 朝鲜王朝古地图中的湖南与朝鲜人的湖南意象

黄普基[*]

## 一、绪论

明清时期,朝鲜王朝严禁平民下海,只有外交使节有出国的机会。朝鲜王朝每年派使者来中国,朝鲜使者经过的地方通常为辽宁、河北、北京、山东、江苏等地,很少人来过湖南。即便如此,今湖南地区的景观却成为朝鲜时期许多文学作品中的空间背景。如朝鲜文人诗歌常有赞赏洞庭湖等湖南山水与名胜古迹,《九云梦》等著名韩国古典小说中的空间背景都为湖南,[②] 一些朝鲜著名画家描绘《潇湘八景图》,[③] 韩国传统清唱盘索里中也出现潇湘八景,[④] 潇湘八景是朝鲜人心目中的理想景[⑤]。朝鲜时期的文学作品中这一空间背景特点的形成,与当时朝鲜文

---

[*] 作者简介:黄普基,湖南师范大学,研究方向为韩国历史文化。
[②] 권순긍:《韩国古典小说与中国湖南》,《汉文学报》第19辑,2009年。
[③] 安辉浚:《谦斋郑歚(1676—1759)的潇湘八景图》,《美术史论坛》第20辑,2005年。
[④] 李亨大:《潇湘八景的变容与诗的认识——以盘索里短歌潇湘八景文中心》,韩国语文学国际研讨会论文集,韩国语文学国际学术论坛,2008年。
[⑤] 安辉浚:《韩国的潇湘八景图》,《韩国绘画的传统》,首尔:文艺出版社,1988年。

人对潇湘景观意象的认知有关，本文主要通过分析朝鲜时期古地图与文人诗歌[1]，探讨朝鲜人对潇湘景观的空间认知形态，分析朝鲜人心目中的湖南区域概念、湖南山水意象与人文意象等，及其背后反映的朝鲜人的价值观。

## 二、朝鲜人的湖南称谓与代表意象

湖南，宋代划定为荆湖南路而开始简称湖南。明时期为湖广布政使司，治所武昌（今武汉武昌），辖地为今湖北、湖南全境。清朝康熙三年（1664年）湖广分治，大体以洞庭湖为界，南为湖南布政使司，定为湖南省。

湖广分治，湖南省成立10多年后的康熙十四年（1675），朝鲜朝廷讨论中国局势时，大臣们对湖南的称谓是"荆楚"[2]，并没有提及湖南。1712年，一批朝鲜使行团来到北京。其中一个朝鲜人记载了中国行政区划制度，而在他的记录中湖南区域的行政区划是"湖广省"，[3]甚至另一个朝鲜人的记录中还出现"湖广荆州省"。[4] 乾隆四十三年

---

[1] 一些学者关注朝鲜文人诗歌中的湖南因素，但他们主要探讨屈原、苏轼等人对朝鲜文学的影响，如高绍山：《李氏朝鲜后期四家诗人与屈原的关联研究》，山东大学硕士学位论文，2011年。田京源：《东亚的理想乡》，首尔：国学资料院，2017年。至于外国使节的湖南意象研究，陈柏桥：《14—19世纪中越使臣诗歌中的潇湘印象》（广西民族大学硕士学位论文，2017年）值得关注，该文认为中越使臣对湖南印象中较突出的是忠臣贬谪、爱情神话、隐逸之思等印象。
[2] 《朝鲜王朝实录》，《肃宗实录》第4卷，肃宗一年，1675年6月3日，韩国古典翻译院http://db.itkc.or.kr/，2019年8月浏览。
[3] 金昌业：《老稼斋燕行日记》第4卷，正月二十四日，载《燕行录选集》，韩国古典翻译院http://db.itkc.or.kr/，2019年8月浏览。
[4] 崔德中：《燕行录》，《燕行日记》二月十四日，载《燕行录选集》，韩国古典翻译院http://db.itkc.or.kr/，2019年8月浏览。

(1778),赴中国的朝鲜人李德懋根据乾隆九年《清一统志》介绍湖广分治[①]。两年后,洪明浩以冬至兼谢恩使书状官身份来到北京,他回国后在向国王正祖的报告中,仍然使用"湖广"称谓。[②] 1799年7月(朝鲜正祖二十三年)御前会议时,一个官员将"白莲教"称之为"川楚教匪"[③],这里的"楚"应为湖广。同年11月,朝鲜最高军事机构备边司向国王正祖提交赴北京使者李光稷的报告,而其报告中提及白莲教的势力范围,曰:"其徒党,散在湖北、湖南、陕西、河南等地。"[④] 而1828年赴中国的朝鲜使者介绍的中国地方行政区划仍然是十三省,当然其中并没有湖南,只有分治之前的湖广。[⑤] 可见,朝鲜人对湖南区域并没有统一的称谓。湖广分治,湖南省成立后的很长时间,许多朝鲜人仍然习惯使用湖广省的称谓。

朝鲜时期地图中的情况也基本相同。朝鲜古地图数量众多、种类繁杂,地图中包含了丰富的中国区域历史地理信息,还反映了朝鲜人的中国区域认知,以及其世界观。图1为18世纪末制作的《舆地图·中国地图》,但图中描绘的是明朝13省,即分治之前的湖广省,治所武昌。这种情况是朝鲜中后期地图中的普遍现象,如1666年制作的《天下古今大总便览图》(见图4)描绘明朝13省,湖南仍属于湖广。实际上这

---

[①] 李德懋:《青庄馆全书》第25卷,纪年儿览补编,附历代地界,载《韩国文集丛刊》第257册,首尔:景仁文化社,2001年,第427页。
[②] 《朝鲜王朝实录》,《正祖实录》第9卷,正祖四年,1780年4月22日,韩国古典翻译院http://db.ikc.or.kr/,2019年8月浏览。
[③] 《朝鲜王朝实录》,《正祖实录》第52卷,正祖二十三年,1799年7月10日,韩国古典翻译院http://db.itkc.or.kr/,2019年8月浏览。
[④] 《朝鲜王朝实录》,《正祖实录》第52卷,正祖二十三年,1799年11月16日,韩国古典翻译院http://db.itkc.or.kr/,2019年8月浏览。
[⑤] 朴思浩:《心田稿》二,留馆杂录,车灯漫录,载《燕行录选集》,韩国古典翻译院http://db.itkc.or.kr/,2019年8月浏览。

是当时朝鲜的中华主义与反清情绪的体现。朝鲜王朝一直实行"尊明事大"政策，而1636年清皇太极侵略朝鲜，战败的痛苦以及"尊明事大"的大义名分，使得朝鲜人不愿承认清朝。朝鲜中期以后的地图多反映了朝鲜人的政治态度。①

**图1** 《奎章古地图阁》，《舆地图·中国地图》）〈古4709-78〉（局部）

此外，这些朝鲜地图中，在湖南区域普遍标记"楚""荆"等称谓。如图1中标记"荆"，图4中标记"荆"与"楚"。而这些湖南区域称谓在朝鲜王朝之前已形成，如高丽王朝末期儒学学者李齐贤的表述。李齐贤对朝鲜朱子学与文学的影响较大，且他少数亲眼看见湖南地区的人之一，其诗歌亦为后来许多朝鲜文人参考模仿。李齐贤以使者身份经过湖南，途中吟咏当地的风光，《潇湘夜雨》诗云：

枫叶芦花水国秋，一江风雨洒扁舟。

---

① Oh Sang-Hak：《朝鲜时期世界地图与中华的世界认识》，《韩国古地图研究》第10卷第1号，2009年，第14页。

惊回楚客三更梦，分与湘妃万古愁。①

    这首诗巧妙地勾勒出他思想世界中的湖南区域文化特征。首先，这首诗题为《潇湘夜雨》，说明李齐贤对这一地域的第一感觉是"潇湘"。其首句描写湖南的自然地理环境，即洞庭湖、湘江等水资源丰富的"水国"。至于"水国"的人文地理意义，朝鲜人普遍将它与古代的"楚"联系起来，认为它是楚地，即其第三句。所谓"楚客"指的是屈原，屈原忠而被谤，身遭放逐，流落他乡，故称"楚客"。当时高丽王朝面临国家存亡危机，李齐贤带着外交使命而去中国，他在楚地充分感受到当年屈原流落他乡的心情而感慨。其末句的湘妃，相传为帝尧之二女，帝舜之二妃。相传二妃没于湘水，遂为湘水之神，此后她们以湘妃的意象，以及以舜妃的形象为后人称道。高丽、朝鲜文人一直接受中华文化，许多人读过屈原的《湘君》《湘夫人》。由此，这些文人跟中国文人一样将湘妃当作寄托情感的理想对象。总之，李齐贤心目中，湖南地区为"水国"，是春秋战国时期"楚"的故土，是以"屈原""湘妃"故事代表的忠烈之地，更是这些因素都相融形成的"潇湘"文化区域。此外，这首诗中的湖南区域意象，无疑来自唐宋诗词，如"枫叶芦花水国秋"，应来自苏轼诗歌中的"森如水国秋""枫叶芦花秋兴长"。②"惊回楚客三更梦，分与湘妃万古愁"，意境类似于李白《愁阳春赋》中的"明妃玉塞，楚客枫林"。③

---

① 李齐贤：《益斋乱稿》第3卷，诗，和朴石斋，尹樗轩用银台集潇湘八景韵，潇湘夜雨，载《韩国文集丛刊》第2册，首尔：景仁文化社，1996年版，第525页。
② 苏轼：《苏东坡全集》上，第1卷，诗四十七首，出颍口初见淮山是日至寿州，北京：中国书店，1986年第1版，第58页。
③ 李白：《李太白全集》上，第1卷，古赋八首，愁阳春赋，北京：中华书局，1977年第1版，第21页。

荆州也是朝鲜人感知的湖南文化区域的所属范围。朝鲜人对荆州给予相当肯定的评价，这一评价的由来，无疑有荆州的区位原因。朝鲜人心目中荆州是中原[1]，禹贡九州岛之一，即中华文化的核心区域之一。此外，朝鲜人常常将荆州与忠义的儒学价值观联系在一起。朝鲜人金九容《荆州》诗云：

> 行到江陵忆仲宣，登楼赋语至今传。天涯流落知谁甚，回首云南最可怜。
> 汉家昭烈倚关张，无命其如感叹长。流水浮云千古态，至今愁杀武安王。[2]

荆州，古时又称"江陵"，朝鲜也有该地名。作者金九容到朝鲜江陵时，联想到与中国荆州相关的几个历史人物。其首句"仲宣"即汉末文学家"建安七子"之一王粲的字，王粲为政治前途分别依靠刘表父子与曹操父子。朝鲜文人士大夫一生追求儒学学问，因此朝鲜人很欣赏王粲的才华。但正因如此，他们也很重视"忠义"。金九容感慨王粲的政治生涯，与王粲相比，"汉昭烈、关、张"更体现儒学精神价值观忠义。朝鲜人非常惋惜刘备、关羽、张飞的命运，也非常欣赏他们的忠义。朝鲜人心目中，荆州是魏蜀吴三国争斗中，刘备、关羽、张飞上演忠义的舞台。

荆州是当地历史人物得到同情与尊敬后，成为湖南区域代表意象的

---

[1] 金尚宪：《清阴先生集》第11卷，雪窖集二百八十九首，曹守而寓舍草堂成，求题拙句，二首，载《韩国文集丛刊》第77册，首尔：民族文化推进会，1996年版，第171页。
[2] 金九容：《惕若斋先生学吟集》下卷，诗，荆州，载《韩国文集丛刊》第6册，首尔：景仁文化社，1996年版，第45页。

案例。而一些自然景观则博得了朝鲜人的赞赏后，成为湖南区域代表意象，如潇湘、洞庭湖。

"潇湘"一词始于汉代，到唐代中期，"潇湘"不单意指湘水，而是被诗人们衍化为地域名称。至于朝鲜人心中潇湘区域的概念与意象，主要是通过潇湘八景而形成的。潇湘八景是朝鲜文人士大夫最喜爱吟咏的题目之一①。

潇湘八景的最重要组成为洞庭湖，而一些朝鲜地图充分体现了洞庭湖的地理地位，描绘得非常突出，如《舆地图·天下都地图》：

朝鲜后期的地图中仍然表示"湖广"。② 文字标记洞庭、鄱阳两大湖泊，但该图只描绘洞庭湖。而且洞庭湖是唯一被描绘的湖南地区自然、人文景观，成为朝鲜人心目中的湖南第一意象。

## 三、朝鲜人的湖南自然、人文意象

洞庭湖成为朝鲜人心目中的湖南第一意象，得益于其优越自然环境条件。一些朝鲜古地图描绘洞庭湖庞大规模及其周边复杂水系。如1402年制作的世界图《混一疆理历代国都之图》。

朝鲜人对洞庭湖这一区域的印象，最突出的一点是"阔"，如"阔碧连天"③。朝鲜人对洞庭湖规模津津乐道，至于其具体面积，朝鲜人的普遍说法为洞庭七百里。④ 18世纪末制作的地图中，将洞庭湖规模标

---

① 郑斗卿：《东溟先生集》第2卷，七言绝句三百二十八首，题潇湘八景图，载《韩国文集丛刊》第100册，首尔：景仁文化社，1996年版，第409页。
② 《奎章阁古地图》，《舆地图·天下都地图》（古4709-78）（局部）
③ 车天辂：《五山集》第2卷，延城车天辂复元著，诗，七言律诗，以封弥官入一所，户曹与誊录官同处，时杨博士时晋亦以枝同官入，以三题来请，盖月课也，载《韩国文集丛刊》第61册，首尔：民族文化推进会，1996年版，第380页。
④ 金道和：《淡庵先生逸集》附录，第2卷，附录下，史传搜辑，载《韩国文集丛刊》第3册，首尔：景仁文化社，1996年版，第323页。

记为"七百里"(见图1)。其实,洞庭湖的规模一直经历了较大的变化。古代曾号称"八百里洞庭",由魏晋时期的五百余里到唐宋之际的七八百里,继而又发展到图1制作年份18世纪末清中叶已有八九百里规模了。

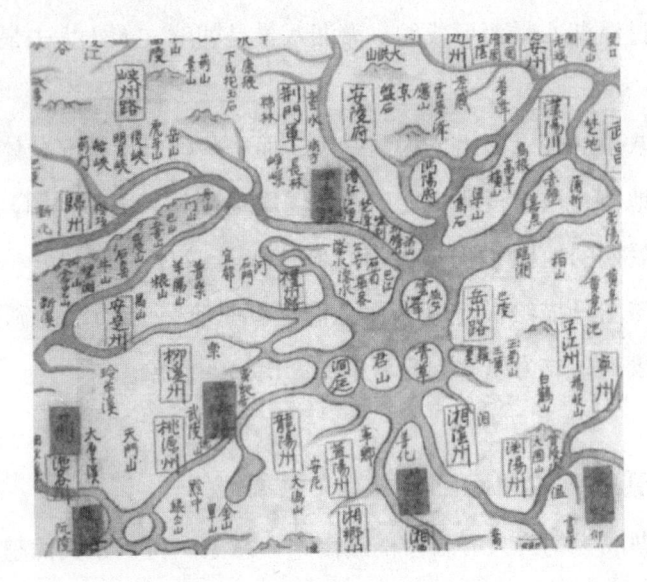

**图2** 《混一疆理历代国都之图》(局部),权近等,1402年,日本龙谷大学藏

图2中,洞庭湖中有几个岛屿,分别为"云梦泽""君山""青草"。其中,君山是朝鲜文人心目中洞庭湖美景的重要组成,李玄逸诗曰:

> 为访遗墟草浦边,君山落照尚依然。阔吞吴楚何须说,造物真成小有天。①

---

① 李玄逸:《葛庵集》第1卷,诗,登岳阳楼遗址,载《韩国文集丛刊》第127册,首尔:景仁文化社,1996年版,第385页。

所谓"君山",其实并非指洞庭湖湖中岛,而是朝鲜的一个地名。杜甫"登岳阳楼"中有"吴楚东南坼",是说广阔无边的洞庭湖水,划分开吴国和楚国的疆界。而第三句"阔吞吴楚何须说",强调洞庭湖的浩大,同时告诉我们,包括洞庭湖在内的湖南也是吴楚的一部分。洞庭湖"水碧如天"①,湖边旷野平沙,近山村庄"杂云林",远山"乱峰时出没","苍翠万重阴"②,秀丽如画。

如果说,朝鲜人心目中的湖南第一水为洞庭湖,那湖南第一山为衡山。可见1666年制作的《天下古今大总便览图》,该图属于历史地理百科书,描绘各个区域名胜古迹。湖南境内描绘较大的山体形状符号,即衡岳(衡山)。衡山,又名南岳,为中国"五岳"之一。

朝鲜人心目中衡山是云山雾罩的神山。③ 而这些意象来自韩愈《谒衡山南岳庙》诗中"衡山之云"。④ 朝鲜人心目中,衡山的另一个意象是"李泌之衡山"。⑤ 李泌遭宰相杨国忠忌恨,只得归隐名山。安史之乱时,唐肃宗即位于灵武,召李泌参谋军事,宠遇有加。但他又被权宦李辅国等诬陷,再次隐居衡岳。因此,衡山就成为在朝鲜人生活中隐退的代名词:

---

① 正祖:《弘斋全书》第2卷,春邸录二,诗,潇湘八景,癸巳,载《韩国文集丛刊》第262册,首尔:民族文化推进会,2002年版,第33页。
② 郑斗卿:《东溟集》第3卷,七言绝句175首,题潇湘八景图,载《韩国文集丛刊》第100册,首尔:景仁文化社,1996年版,第409页。
③ 权近:《阳村集》第7卷,南行录,是日有云及晚开霁月色清朗又题一绝,载《韩国文集丛刊》第7册,首尔:景仁文化社,1996年版,第80页。
④ 《朝鲜王朝实录》,《宣祖实录》第209卷,宣祖四十年,1607年3月5日,韩国古典翻译院 http://db.itkc.or.kr/,2019年8月浏览。
⑤ 《朝鲜王朝实录》,《正祖实录》第8卷,正祖三年,1779年9月28日。《承政院日记》第2735册,高宗六年,1869年1月16日,韩国古典翻译院 http://db.itkc.or.kr/,2019年8月浏览。

葬我衡山，乃其素志，归之乡陇，罪在犹子。①

"衡山"无疑指将来作者想隐居的地方。但这一"衡山"显然非指湖南衡山，而是指朝鲜智异山。朝鲜人还将智异山当作朝鲜南岳。一些朝鲜人对衡山赋予另一种地理意义，即中华四极之一：

南不尽衡山，北不尽恒山，西不尽流沙，东不尽东海。②

朝鲜人认为中华的四极为衡山、恒山、流沙、东海，其中衡山为南极。

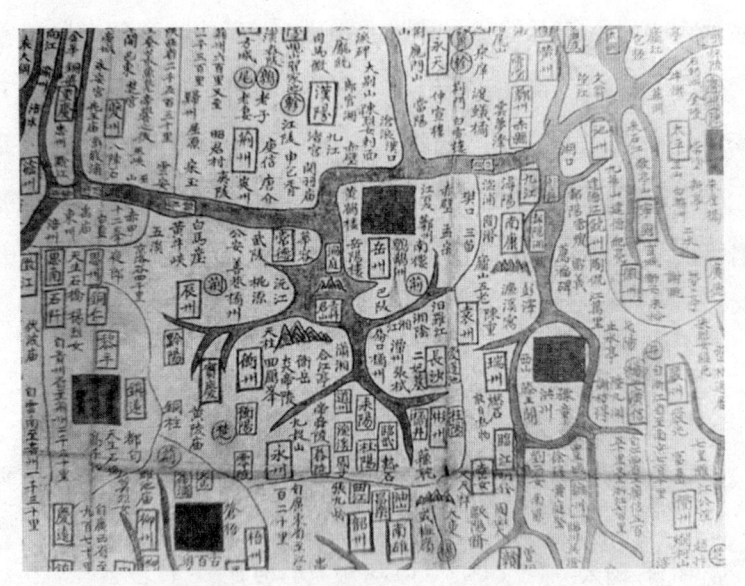

图3 《天下古今大总便览图》（局部），金寿弘，1666年

---

① 金涌：《鹤峰集》附录，第4卷，祭文，从子涌，载《韩国文集丛刊》第48册，首尔：景仁文化社，1996年版，第373页。
② 尹鑴：《白湖先生文集》第24卷，杂著，漫笔，上，载《韩国文集丛刊》第123册，首尔：景仁文化社，1996年版，第419页。

朝鲜的地图与文人文集中，除了衡山以外，描绘与提及最多的山是九嶷山。九嶷山，又名苍梧山，峰峦叠巘，深邃幽奇，千米以上高峰有90多处。九嶷山得名于舜帝之南巡。因境内有九座峰峦，且峰峰相似难以区别，故而得名。图3中，在九嶷山旁边记载着与九嶷山神话故事有关的地名，如"帝舜陵""炎帝陵""二妃墓"。一些朝鲜文人也注意到了九嶷山的自然环境特征与神话故事，成倪《潇湘曲》诗云：

　　九嶷云掩青巑岏，沅湘夜雨波生寒，重瞳一去不复返，湘灵鼓瑟愁空山。①

其首句描绘九嶷山的地形与气候。该山地形"巑岏"，常常云雾弥漫，青色植被被云掩盖。第二句中有九嶷山"云掩青"的主要原因，即丰富的雨水。九嶷山雨水注入"沅湘"，即沅江与湘江。其后两句提及九嶷山历史神话故事。第三句"重瞳"是一个眼睛里有两个瞳孔，在上古神话里记载有重瞳的人一般都是圣人。中国史书上记载有重瞳的只有八个人，这里指的是虞舜，是禅让的圣人，孝顺的圣人，三皇五帝之一。虞舜非常符合朝鲜人志向的儒学价值观。其末句"湘灵"，指古代传说中的湘水之神。一说，为舜妃，即湘夫人。

朝鲜人对一些湖南乡村风光则普遍持相当肯定的评价，甚至总带有某种欣赏、赞叹乃至于向往的口吻。它是"武陵"。武陵一词，源于逶迤在湘、鄂、渝、黔地区边境的武陵山脉之名。一般，朝鲜民间将武陵桃源并称"武陵桃源"，表达风光优美的景观、最理想的仙境。朝鲜人

---

① 成倪：《虚白堂集》第1卷，曲体，潇湘曲，载《韩国文集丛刊》第14册，首尔：景仁文化社，1996年版，第392页。

心目中的桃源为"峻嶒岳势"① 的幽深险峻山村，相比之下，武陵是花园村庄氛围：

> 君不见武陵仙村万树花，春来处处蒸红霞，又不见渊明掇英东篱边，霜天烂熳黄金钱。②

这样如诗如画的场景，简直是传统时期的理想乐土。

综上所述，湖南的山水景观博得了朝鲜人的赞赏。而朝鲜人对湖南山水的肯定的评价，不仅仅是因其优越的自然环境，还有很重要的一点是这些山水包含的历史神话故事。

朝鲜人心目中，湖南的山水已获得足够的尊敬，然而一些人文环境却不能与之相称，如长沙。长沙为湖南省会。但整个朝鲜时期，几乎没人意识到长沙的省会地位。看图3与图4，特别是图4《广舆图·中国图》，该图制作年份为19世纪初，但图中湖广仍然没有分治，长沙也未得到其应有的省会地位。

甚至，朝鲜人对长沙的印象并不好，且其历史也悠久。如高丽王朝文人李奎报对长沙的第一印象是"湿卑"。③ 不仅仅是因为长沙临湘江而地潮湿，更是由于历史上政治因素给朝鲜人带来的深刻区域印象，即流放地。李奎报还以"贾谊谪长沙"，"屈平作湘累"④ 的对句，强调悲

---

① 无名：《蓟山纪程》第4卷，复路，1804年，2月21日，载《燕行录选集》，韩国古典翻译院http://db.itkc.or.kr/，2019年8月浏览。
② 张维：《溪谷集》第26卷，七言古诗，47首，桃菊华笺歌，奉谢清阴公见贶，载《韩国文集丛刊》第92册，首尔：民族文化推进会，1996年版，第424页。
③ 李奎报：《东国李相国文集》第1卷，古赋6首，祖江赋并序，载《韩国文集丛刊》第1册，首尔：景仁文化社，1996年版，第295页。
④ 李奎报：《东国李相国文集》第17卷，古律诗，载《韩国文集丛刊》第1册，首尔：景仁文化社，1996年版，第470页。

伤之地长沙。到朝鲜时期,朝鲜人对长沙的印象并没有改变:

> 我昔待罪,高山之邮,先生过我,路指愁州。吾党数子,邂逅天涯,或觞或晤,忘却长沙。①

其末句"忘却长沙"指的是贾谊贬职到长沙的故事。可见,朝鲜人心目中长沙的地位。

朝鲜人对湘南重镇衡阳这一地域的印象,最突出的一点是偏僻。当然,这一感觉的由来,无疑是中国书籍。如唐一行《山河两界图说》②。文中,衡阳是"限蛮夷"之地,即中华之南界。③ 因此,朝鲜人心目中衡阳是边境,朝鲜人常常用"身如衡阳雁"来描述难以越过的边境。④ 有趣的是,朝鲜人的"衡阳雁"理解。朝鲜人认为由于回雁峰太高,雁不能越岭,至此越冬,待来年春暖而归。⑤ 甚至有时,朝鲜人将"衡阳雁"比喻做事不果断、反复犯错的人。⑥

其实,"衡阳雁"的意思并非如此。衡阳北部有衡山挡住冬季从北方刮来的强大冷空气,因此大雁选择飞到相对温暖一点的衡阳避寒。衡

---

① 金世钦:《葛庵集》附录,第 5 卷,祭文金世钦,载《韩国文集丛刊》第 128 册,首尔:景仁文化社,1996 年版,第 605 页。
② 朝鲜文献原文如此,是否《唐一行山河两戒图》图说,目前不能确定。
③ 李瀷:《星湖僿说》第 1 卷,天地门,一行两界图,韩国古典翻译院 http://db.itkc.or.kr/,2019 年 8 月浏览。
④ 李奎报:《东国李相国文集》第 2 卷,古律诗,奉寄张学士自牧裹天院湍兼简足庵聆首座并序,载《韩国文集丛刊》第 1 册,首尔:景仁文化社,1996 年版,第 312 页。
⑤ 金正喜:《五洲衍文长笺散稿》,分类,人事,性行,睡诀辨证说,韩国古典翻译院 http://db.itkc.or.kr/,2019 年 8 月浏览。
⑥ 金尚宪:《清阴集》第 9 卷,朝天录,诗一百三十六首文十四首,登楼晓坐闻雁,校注,载《韩国文集丛刊》第 77 册,首尔:民族文化推进会,1996 年版,第 126 页。

阳有回雁峰，是衡山72峰中的第一峰，海拔只有96.8米。古代北雁南飞，至衡阳回雁峰歇翅停回栖息于此，比喻音信不通。

朝鲜人对巴陵给予相当肯定评价，因为巴陵拥有闻名天下的人文景观岳阳楼。岳阳楼，临洞庭湖，吞长江，气势雄伟，因其自然风光之秀、建筑工艺之巧而闻名。朝鲜人非常欣赏岳阳楼的风光，上至国王，下至平民老百姓，人人皆知，津津乐道。一些朝鲜国王命朝臣以岳阳楼题作诗，如中宗"命题登岳阳楼五言律诗，令文臣制之，给入格的人各赐别造弓一张"。[1] 朝鲜文人一直热衷于赞叹岳阳楼这一人文景观，一个朝鲜人勾勒出"岳阳楼对君山"的风景：

　　巴陵城上最高楼，湖里青山望若浮，万顷泻银涵月窟，数峰攒玉压鳌头。[2]

朝鲜人的心目中，岳阳楼就是"巴陵城上最高楼"。这首诗题为《岳阳楼对君山》，其实，这里"岳阳"并非指中国岳阳，而是指朝鲜的岳阳。韩国有两所岳阳楼，分别位于庆尚南道咸安郡与河东郡，而这首诗中的岳阳楼则是河东郡的地名。[3]

朝鲜民间将中国地名及其意象应用到生活中的情况也比比皆是。如朝鲜时期，有人"广占"土地时，会将其比喻成"岳阳楼之七百里"。[4] 一个叫"克孝"的朝鲜人非常自豪自己的别墅，别墅在汉城南山之麓，

---

[1] 《朝鲜王朝实录》，《中宗实录》卷78，中宗二十九年，1534年10月16日，韩国古典翻译院http://db.itkc.or.kr/，2019年8月浏览。
[2] 奇大升：《高峰全书》第1卷，诗，岳阳楼对君山，载《韩国文集丛刊》第40册，首尔：景仁文化社，1996年版，第230页。
[3] 崔钟仁：《韩中岳阳楼文化景观比较考察》，《比较文化研究》第27辑，2012年。
[4] 《日省录》，正祖十八年（1794），9月29日，韩国古典翻译院http://db.itkc.or.kr/，2019年8月浏览。

栗树成阴，颇以幽胜闻。当时有一宰相欲买之，而克孝曰："割天下之半，添以岳阳楼，吾不愿易。"①

凭借其宏伟、优美的外观与湖景，岳阳楼成为朝鲜人心目中楼阁建筑的代名词。如一个朝鲜人到日本草津看到一座楼阁，该楼"层楼粉堞突兀半空，压临湖水"。朝鲜人赞叹曰："洞庭之岳阳，虽未曾目见，景致之胜绝，气势之雄壮，想未必过于此矣。"②

### 四、实情与意象之间：朝鲜人的湖南认识错误

岳阳楼已博得了朝鲜人足够的赞赏，因而朝鲜文献中广泛出现岳阳楼，但朝鲜文献中对岳阳楼的错误描写、描绘也不少。如地图3、4、5中的岳阳楼位置，值得商榷。众所周知，岳阳楼在洞庭湖东北岸。图3中，岳阳楼位于岳州境内，巴陵北部，临洞庭湖东北岸，较符合其实际位置。而黄鹤楼的位置有所偏差，图中黄鹤楼挨着岳阳楼，位于洞庭湖口，而且离其原位置江汉汇处相差较远。图4中，黄鹤楼位于洞庭湖东北岸，在巴陵西边，而岳阳楼在巴陵东边。可见，黄鹤楼替代了原岳阳楼的位置。

朝鲜后期地图《朝鲜地图·中国图》（图5）的情况更离谱。图中，岳阳楼竟在洞庭湖南岸。

朝鲜文人记录中也有类似的情况。如一个赴中国朝鲜使者的记录中，岳阳楼是"洞庭湖南岸上彩阁丹楼"。③ 可见，朝鲜人对岳阳楼地

---

① 《朝鲜王朝实录》，《中宗实录》卷1，中宗一年，1506年10月13日，韩国古典翻译院http：//db.itkc.or.kr/，2019年8月浏览。
② 姜弘重：《东槎录》，11月27日，韩国古典翻译院http：//db.itkc.or.kr/，2019年8月浏览。
③ 徐庆淳：《梦经堂日史》，紫禁琐述，七年乙卯十二月十七日，载《燕行录选集》，韩国古典翻译院http：//db.itkc.or.kr/，2019年8月浏览。

理位置的错误理解是较普遍的。此外,虽岳阳楼柱子为红色,但屋顶上覆盖着黄色琉璃瓦,因此该楼谈不上是丹楼(红楼)。黄鹤楼也是红色柱子、黄色屋顶结构。

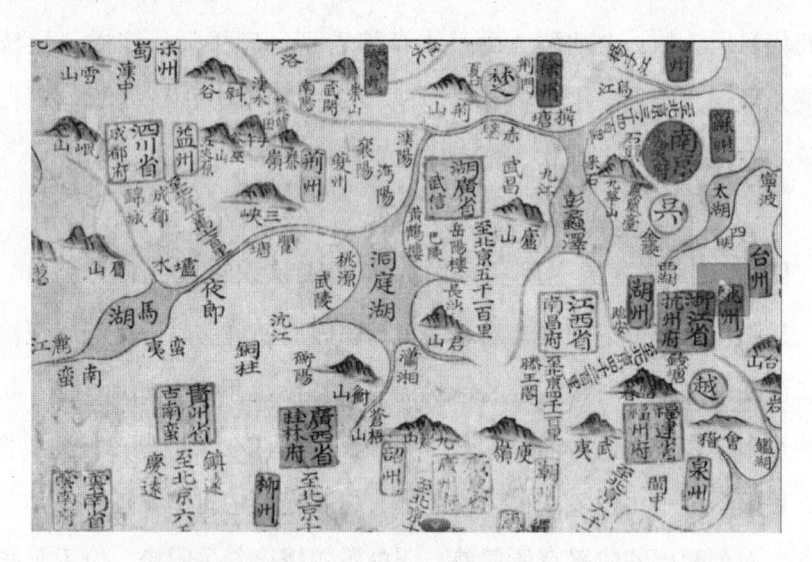

图4　《奎章古地图阁》《广舆图·中国图》(古4790-58)(局部)

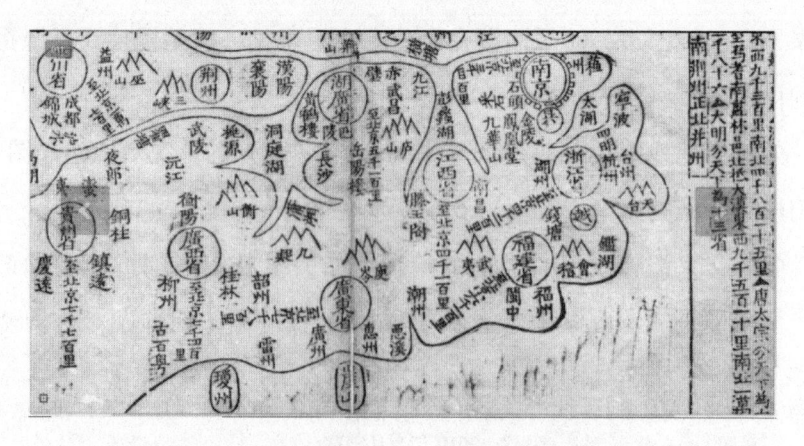

图5　《奎章古地图》,《朝鲜地图·中国图》(古4709-32)(局部)

再看,20世纪前期制作的朝鲜民画《潇湘八景图》:

166

**图 6** 《潇湘八景图》，纸本设色，共 4 幅中 2 幅，93×29cm，20 世纪前期。

图中，描绘的是姑苏台（左）与洞庭湖（右）。一般朝鲜民画潇湘八景图是在文人所画潇湘八景图的基础上，对原图格式与内容进行加工而完成。民画八景图的主题为现实乐园与民间生活叙事，而就绘画表现特征而言，画面中添加风水、花鸟、瑞兽等内容，以及图形化处理。① 上图充分体现了朝鲜民画的特征，但正因如此，该图给我们带来了混乱。即该图题目虽是洞庭湖，但从画面中的双塔楼阁与花鸟来看，图中楼阁到底岳阳楼还是黄鹤楼，或这两楼阁都有描绘，难以确定。此外，上文朝鲜人记录中的岳阳楼为丹楼（红楼），而《潇湘八景图》中的楼阁却为青绿色屋顶。可见，岳阳楼实景与朝鲜人岳阳楼意象之间误差。

---

① 김인숙：《民画潇湘八景图的景观认识研究》，《基础造型学研究》第 13 辑第 2 卷，2012 年。

韩国民间清唱盘索里中也有"潇湘八景"的内容。如韩国家喻户晓古典小说《沈清传》盘索里版本中的"潇湘八景"部分，清唱展开顺序如下：三湘—汨罗水—长沙—黄鹤楼—崔颢—凤凰台—白鹭洲—浔阳江—白乐天（白居易）—赤壁江—苏东坡—曹孟德（曹操）—姑苏城—寒山寺—潇湘江—洞庭湖—岳阳楼—黄陵庙等。[①] 唱戏中出现许多地名与人名，但其中一些地名、人名并非与潇湘八景有关，特别是"黄鹤楼"。清唱开头，吟咏三湘、汨罗水、长沙后，直接提到黄鹤楼。而这些情况在朝鲜文人诗歌中也出现，如郑道传《题公州锦江楼》：

君不见贾傅投书湘水流，翰林醉赋黄鹤楼。[②]

首居"贾傅"，即贾谊，因曾官长沙王太傅，故称。"翰林"，应为李白。这首诗贾傅湘水与翰林黄鹤楼，以对句形式出现，因而让人容易误解黄鹤楼的地理位置。可见，朝鲜地图、诗歌、民画、清唱中都出现了岳阳楼与黄鹤楼的地理位置混乱。

朝鲜古地图中的错误记载，并不只是黄鹤楼，还有"武信"。图5中，方块里的内容为省名与省会首府名，而湖南地区方块里记载的是"湖广省"与"武信"。按道理，应该记载"武昌"，而图中还有"武昌"字句，因此这应非武昌的误记。武信应是"武信军节度使"。武信，即武信军、武信军节度，唐昭宗乾宁四年（897年），王建请置，治所在遂州方义县（今四川省遂宁市），领遂州、合州、泸州、渝州、

---

[①] 강영주校注：《신재효 판소리사설집》民众书馆，1971年版，第193—195页，转引自장계수：《民画潇湘八景图与诗歌文学交涉情况》，《东岳美术史学》第17号，2015年，第163—166页。

[②] 郑道传：《东文选》第8卷，七言古诗，题公州锦江楼郑道传，载《韩国文集丛刊》第5册，首尔：景仁文化社，1996年版，第295页。

昌州等五州。北宋仍为武信军节度。从地理位置来看，武信与湖南基本上没有关系。

图中，铜柱的位置标志也有错误。朝鲜人所了解的铜柱是，东汉马援征服交趾，立铜柱以为汉南边疆界的标志的历史事实。[①] 因此，一些朝鲜人根据中国古籍认为铜柱在"交南"[②]，即安南，今越南北部地区。朝鲜地图3、4中，铜柱在湖南境内，并非符合历史事实。朝鲜人认为"铜柱之外跕鸢之乡之人"，[③] 意味着以铜柱为界，铜柱之内为中华，其之外则蛮夷之人。

从上得知，朝鲜人诗歌、地图等内容中出现较多的描绘误差。而这些错误的主要原因为朝鲜人对中国地理的了解不够深。如朝鲜学者安鼎福的中国地理知识：

> 江汉俱发源于西，合流于荆，至于今江西之地。此时江西诸水，亦壅遏不通，汇而为湖者，又受江汉之水，为大泽，言东者，彭蠡在江汉合流之东故也。言北者汇而为泽者，居南流而为江者居北故也。东迤北会为汇者，注家谓九江为今洞庭，东陵为今岳州巴陵，盖傍近之地也。汇者亦指洞庭也，若复以此汇为彭蠡，则江水之东流久矣，岂有北会之理耶。江汉分流，汉在北、江在南，江水迤北处，当汉之口。北会者，谓会于汉也，与导汉条南入于江相应。盖江水至东陵，北会于汉，与九江并而为汇，为今洞庭矣。此

---

① 《后汉书》第24卷，马援列传，北京：中华书局，点校本二十四史，第3册，2011年版，第231页。
② 徐庆淳：《梦经堂日史》编一，达城徐庆淳公善著，十一月初五日，载《燕行录选集》，韩国古典翻译院 http://db.itkc.or.kr/，2019年8月浏览。
③ 崔岦：《简易集》第3卷，序，书李芝峰令公安南使臣唱酬卷序，载《韩国文集丛刊》第49册，首尔：景仁文化社，1996年版，第289页。

出于臆断，伏乞更赐指教。①

安鼎福认为"江水至东陵，北会于汉，与九江并而为汇，为今洞庭矣"。这并不正确，"汇"之地并非洞庭湖，而是鄱阳湖。不难发现，安鼎福错误论据的根源是他引用的"注家谓九江为今洞庭"，不知作者的引用从何而来。

朝鲜后期著名学者丁若镛介绍"一奇闻"，即"彭蠡、洞庭，冬月亦涸"。虽然丁若镛提出这个奇闻的出处"《禹贡》之注"，但这也是不符实际的内容。②

综上所说，一些朝鲜古地图、著作、民画、清唱中都出现朝鲜人对湖南地理的错误认识。这些错误认识的主要原因是朝鲜与湖南之间没有直接交流，以及由此引起的朝鲜人对湖南地理知识不足。高丽时期李齐贤以后，几乎没有朝鲜人进入过湖南地区。期间，朝鲜人只通过前辈们的著述或一些中国古籍而了解湖南。到朝鲜后期，朝鲜人的湖南区域知识来源，仍停留在高丽末期学者的见闻，或中国古典中的湖南。由此，朝鲜人的湖南意象与实情之间逐渐出现偏差。

## 五、结论

明清时期，朝鲜王朝一直实行"尊明事大"政策，而1636年清皇太极侵略朝鲜，战败的痛苦以及"尊明事大"的大义名分，使得朝鲜人不愿承认清朝。朝鲜中期以后的地图与文人记录中多出现这些朝鲜人

---

① 安鼎福：《顺庵集》第3卷，书，答邵南尹丈书丙子，载《韩国文集丛刊》第229册，尔：景仁文化社，2001年版，第388页。
② 丁若镛：《茶山诗文集》第20卷，书，上仲氏，载《韩国文集丛刊》第281册，首尔：民族文化推进会，1996年版，第437页。

的政治态度。如朝鲜人不承认清朝行政区划制度，而仍然惯用明朝13省行制度，即便朝鲜人得知湖广分治事实，但朝鲜人对湖南的称谓基本上是明朝湖广省。或一些人较喜欢文化归宿称谓，即春秋战国国名"楚"与禹贡九州"荆州"。

  虽然朝鲜人没有湖南地区的概念，但他们持着非常强烈的湖南地区自然、人文地理意象。湖南的山水景观博得了朝鲜人的赞赏，如洞庭湖、衡山等。而朝鲜人对湖南山水的肯定的评价，不仅仅源于其优越的自然环境，还有一个很重要的一点是这些山水包含的历史神话故事。与山水意象相比，朝鲜人对一些人文环境的评价却不能与之相称，如长沙。在朝鲜人心目中，长沙是个流放地，悲伤之地。这些朝鲜人的意象评价标准，主要来自唐宋诗词与儒学，及其形成的朝鲜人儒学价值观。特别是，宋代儒学和诗文，许多宋士人儒家流寓在湖南地区，朝鲜儒士长期就读这些诗词文章，这是形成朝鲜湖南意象的一个根本原因。

# 湖湘文化"走出去"策略

# 30年代抗日运动战线的统一
# 以及金九在长沙的抗日复国斗争

李基勋[*]

## 一、抗日运动阵营的分裂与联合

（一）1930年关内的民族运动阵营动向

20世纪30年代抗日运动阵营最重要的目标就是统一民族运动战线。20年代后期，上海开展了民族合作战线韩国唯一党促成会运动，但未能成功，左翼阵营于1929年10月成立了留沪韩国独立运动者同盟，右翼阵营于1930年1月成立了韩国独立党，双方针锋相对。1931年日本帝国主义侵略中国东北后，韩国民族运动阵营也切实感受到了转变的必要性。

以金九为中心的临时政府决定组织"韩人爱国团"，积极展开武力斗争。1932年，李奉昌、尹奉吉的接连起义虽然成功地吸引了关注，但为了躲避通缉令，只好躲到嘉兴，在上海构筑的基础被大幅削弱。金九于1932年5月辞去了临时政府军务部长一职。在韩国独立党内部，金九、

---

[*] 作者简介：李基勋，韩国延世大学，研究方向为韩国史研究。

李东宁、宋秉祚等领导层发生冲突，陷入了内讧。1933年1月在上海召开的韩国独立党大会由宋秉祚等人主导，辞退了金九派，干部阵容发生了变化。以1933年玉观彬暗杀事件等为契机，以上海为中心的民族主义独立运动势力之间出现了矛盾，这成了促进政党统一运动的契机。

1934年至1935年，金九在加强韩人爱国团的同时，在国民党政府的支持下，培养了武装基础势力。金九在朴赞翊的安排下与蒋介石会谈，在洛阳中央陆军军官学校设立了"韩人特别班"。在这里，金九和李青天把青年人培养成独立运动的新武装势力。韩人特别班由金九全权负责资金筹措和运营，李青天作为训练教官主管教育课程。但此后金九和李青天的意见发生了对立，1934年8月金九门下的25名学生撤回南京，进入南京中央陆军军官学校，组织了韩国特务队。另外，1935年2月在南京设立学生训练所，招收30名青年，为进入中国中央陆军军官学校进行预备教育。

在此期间，临时政府的地位越来越低。这是因为在金九和他的学生脱离后，随着抗日运动战线的统一，出现了临时政府废除论。经过1931年9月日本关东军的侵略、1932年1月日军对上海地区的攻击后，他们认识到了民族运动阵营积极应对形势变化的必要性。因此，1932年11月组建了韩国独立党、义烈团、朝鲜革命党、新韩独立党等多个政党团体的协议体——"韩国对日战线统一同盟"。韩国对日战线统一同盟是包含了国内外所有反日势力的同盟。

1934年以后，金元凤主导了合作讨论，1935年7月在南京成立了关内民族统一战线朝鲜民族革命党。无论是左派还是右派，很多运动家参加了朝鲜民族革命党。随着新合作政党朝鲜民族革命党的创党成为现实，主要成员离开了临时政府。1935年4月至6月，梁起铎，金圭植，赵素昂，崔东旿，柳东说等相继辞去国务委员职务，参与了民族革命党的组建。临时政府只能依靠宋秉祚、车利锡等"固守派"维持。因此，金九为了拥护临时政府，开始积极介入。

（二）"韩国国民党的成立"

金九拒绝参加由金元凤为主导的左右合作政党——民族革命党，主张坚守临时政府。以金九为首的临时政府固守派决定将执政党作为弱化政府的新中心，于1935年11月在杭州成立了韩国国民党。韩国国民党由金九和韩人爱国团的宋秉祚、李东宁、赵琬九、车利锡等临时政府固守派联合组成了中心，再加上上海韩国独立党广东支部的金朋浚等运动家。

韩国国民党选择了理事制度，理事长由金九担任，李东宁、宋秉祚、赵琬九、车利锡、金朋浚、安恭根、严恒燮等被选为理事。由李始荣、曹成焕、杨墨担任监事、严恒燮担任宣传部部长、车利锡担任组织部部长、赵琬九担任秘书，金朋浚担任检察官。韩国国民党是支持临时政府的政党组织，因此金九的亲卫势力和核心支持者成了中心。韩国国民党所属人士几乎包揽了临时政府国务委员和议政院常任委员的职务，以国务委员的集体领导体制运营了临时政府。

韩国国民党的运营在很大程度上依赖于中国国民党的帮助和美洲韩人团体的支援，尤其是中国政府和国民党的支援。1937年中日战争爆发后，韩国国民党将中央本部转移到南京，并在上海设立了支部。

韩国国民党作为外围团体，运营了"韩国国民党青年团""韩青年前卫队"等青年组织。该青年组织负责对日本帝国主义的直接斗争，负责收集有关日本帝国主义的情报、扰乱后方、分发印刷品等。

韩国国民党在理念上继承了1930年成立的韩国独立党的目标和志向。韩国国民党的目标是：在完全恢复国家主权中确立全民政治、经济、教育均等三大原则、消灭敌人总势力，建设完整的民主共和国，并与世界各国共同谋求共存共荣。即,坚持全民在政治、经济、教育方面享受均等权利("三均主义"),并立足于此,建立完整的民主共和国,并在此基础上共同参与国际繁荣。

韩国国民党在《党纲》中具体阐述了以下斗争战略:

1) 弘扬民众的革命意识,实现韩国民族革命力量的大联合。
2) 在严密的组织下积极进行民众反抗和武力破坏。
3) 积极联系与援助光复运动的国家及民族。
4) 把土地和大生产机关转为国有,推进国民生活权的平等。
5) 抵制对独立运动的异端理论和行动。
6) 拥护并推进临时政府。

它明确地赞同了可以进行武力斗争,并把与中国政府及民间的强力合作和联合作为最重要的战略。另外,土地和大规模生产机关的国有化和推进平等生活权利这一社会建设的方向,与之以统合的大韩民国临时政府的政策方向是一致的。这些政治、经济志向与其他民族主义抗日运动团体几乎相似,因此很有可能在理念上统一各运动团体。最关键是解决第六项——拥护临时政府的问题。

(三)"再建韩国独立党"和"民族革命党"

作为左右合作的统一战线的民族革命党雄心勃勃地起了步,但随即分裂。成立之后,反对金元凤和义烈团路线的赵素昂、姜昌济、朴昌世、文一民等于1935年9月25日退党,宣布要重建韩国独立党——"再建韩国独立党"。

他们批判了金元凤等民族革命党的路线,宣布"确立民族中心国家、确立主权"的核心目标。赵素昂、姜昌世等人支持了临时政府,希望加入临时政府。但此时的临时政府是由韩国国民党掌握,再建韩国独立党被排除在外。但是,随着从民族革命党退党的洪震、曹善焕等加入，再建韩国独立党也形成了一定的势力。

再建韩国独立党的目的是"用革命手段消灭日本所有侵略势力，完全恢复国土和主权"，"建设以政治、经济、教育均等为基础的新民主国家"。从这一点来看，党的最终目的与韩国国民党并没有太大差异。以下是再建韩国独立党的党纲的核心内容：

1) 唤起群众的革命意识，集中民族革命力量。
2) 在严密的组织下积极进行民众反抗和武力破坏。
3) 与世界被压迫民族的革命团体取得联系。
4) 实现民族自决和国际平等。

再建韩国独立党以赵素昂、姜昌济、朴昌世等为主轴，但在1936年春，姜昌济、朴昌世退出了再建韩国独立党。他们于1937年2月与退出民族革命党的李青天联合，并于1937年4月成立了朝鲜革命党。但是再建韩国独立党、韩国国民党、朝鲜革命党在三均主义指向、积极的武装抗日运动、中国与国际连带等方面没有太大差异，因此不久就开始讨论合并问题。以韩国国民党的宋秉祚为主轴，试图与三党合作。但随着卢沟桥事变的爆发，统合讨论暂时被中断。

## 二、日本帝国主义企图暗杀金九

另一方面，日本帝国主义监视中国关内的韩国民族运动者的动向，进行分裂和破坏工作。尤其是1932年1月李奉昌和4月尹奉吉的义举之后，日本帝国主义正式展开了暗杀金九的谋划。该任务主要由朝鲜总督府派驻上海日本总领事馆的人员来执行。两位义士的义举后，随着上海日本总领事馆警察部的扩充，朝鲜总督府派遣警察事务官负责视察、监视、削弱韩国人的独立运动。他们在当地收买或威胁独立运动家、使其成为密探，不仅通过这些获取情报，还展开了分裂运动阵营和暗杀领导人等工作。最近发现了派遣到上海日本总领事馆的特别高级警察———彬藤平发给朝鲜总督府警务局局长的报告，其中揭露了日本帝国主义暗杀金九的阴谋。

　　日本帝国主义了解到金九在离开上海逃亡期间与中国国民党积极接触，并派遣密探人员前往南京，努力掌握其下落。1935年1月，上海日本总领事馆警察部动员韩国人密探吴大根和中国工作人员试图暗杀金九。吴大根因第四次朝鲜共产党事件流亡上海后，在中国共产党韩人支部活动，但1933年以后转为总督府派遣警察的间谍。但吴大根和暗杀队被中国官方发现，全部被逮捕并处决。金九也掌握着上海派遣的暗杀队的情报。

　　试图直接派遣暗杀队的清除任务失败后，上海日本总领事馆的警察们想利用抗日运动势力之间的矛盾。1935年，关内民族运动的统一正在进行，由于金九反对，民族运动者对此的不满也不少，所以想收买其中一些人，暗杀金九。日本警方将此称为对金九特种作战，秘密进行，试图对义烈团、新韩独立党、韩人爱国团内的疏远势力等多种人物进行诱使。

　　1935年，日本警方为了利用住在上海的无政府主义者集团，尝试了多种策略。他们曾与朴赞益、恒燮等金九势力联合展开过斗争，但也有过不满。上海日帝警方指示密探林永昌接近无政府主义者郑华岩展开工作。日本帝国主义拘留了与郑华岩关系密切的同志金五燕后，通过密探林永昌谎称金九派的核心人物安恭根泄露了有关他们的情报，引发了无政府主义者和金九势力的敌对心理，并试图以释放成员为代价实施暗杀金九的行动。但是郑华岩等人已经察觉到这是日本帝国主义警察的指示，所以他们只是想以各种借口获取资金，却没有实行，暗杀最终以失败告终。

此后，日本警方笼络了临时政府旗下活动过的民族运动者，就是投身于民族运动，但后来受到疏远的运动者。朴昌世成为他们的主要目标。朴昌世很早就历任临时议政院议员，1925年参加了李裕弼组织的兵人义勇队，1930年还参加了韩国独立党，并历任特务队长。他虽然参加了朝鲜民族革命党，但与赵素昂一起退党，参加了重建韩国独立党。但是因支援金问题与赵素昂产生矛盾，于1936年退了党。

根据日本警方的报告，直到1935年8月，朴昌世还不是日本帝国主义的密探。但是，他的长子朴济道因走私鸦片而成为日本总领事馆警察部的情报员。日本警察通过朴济道笼络了朴昌世。另外，朴昌世在上海当拳击选手的次子朴济建在首尔进行的比赛中输给徐廷权。为了让儿子回朝鲜取得更大的成功，朴昌世最终选择了成为密探。1936年4月，朴济建回到朝鲜，参加了国际拳击比赛，这时朴昌世开始为日本活动。南木厅暗杀事件发生后，朴昌世逃往被日军占领的上海，在中国派遣军总司令部工作。

日本帝国主义警察之所以暗杀金九，不仅是对韩人爱国团的报复、试图弱化独立运动阵营，也是试图加深运动者之间的矛盾，妨碍抗日运动的统一。这最终归结为长沙金九暗杀未遂事件。

### 三、在长沙企图三党合并以及之后的抗日阵线之合并

1937年7月卢沟桥事变爆发后，抗日独立运动面临了重大的局面转换。民族运动势力的团结、与中国结成更加坚固的抗日联合战线，进而组建武装队伍、参加中日战争等都成了亟待解决的问题。中日战争后，金九也积极参与了抗日战线的统一。金九对无政府主义者郑华岩说："互相忘记过去的事，借此机会握手吧……我想趁这次机会和好如初地工作，希望尽快进行协商。"也就是说，想把联合的范围扩大到左

右派的共同合作。

　　韩国国民党、再建韩国独立党、朝鲜革命党的三党合党讨论开始加快了步伐。滞留在杭州和南京的金九和临时政府人士在1937年12月，日军进攻南京之前赶赴长沙。

　　在长沙，金九的韩国国民党、赵素昂的再建韩国独立党、李青天的朝鲜革命党等聚集在一起，具体讨论了合并问题。在该讨论过程中，朝鲜革命党因受到差别待遇而出现了不满。之后朝鲜革命党的姜昌济、朴昌世一派的青年们聚集了反对韩国国民党和金九的青年，组成了韩国革命青年团。李云汉是韩国革命青年团员，是反对合并而从朝鲜革命党被开除的青年。

　　1938年5月7日，三党领袖在长沙的楠木厅举行会议，商讨三党合并的具体问题，不料朝鲜革命党党员李云汉突然闯入会场，向与会者开枪射击。据推测，与日本警察有联系的朴昌世刺激了李云汉，致使他发动了恐怖袭击。在此次事件中，年轻的政府军事委员玄益哲当场身亡，李青天轻伤，柳东说和金九均受重伤。中国当局逮捕了李云汉，朴昌世、姜昌济等人也被羁押，但由于日军的进攻未能及时调查清楚而被释放。

　　虽然日本帝国主义给抗日运动领导人带来了伤亡，并暂时中断了合并讨论，但未能取得持续的效果。1938年6月15日，临时政府以六名国务委员的名义发表了声明。"犯人李云汉，他是朝鲜革命党员，早就听到他怀了反动思想，所以正要让他出党并改新，但他怀着更加险恶的意图，最终引发了这样的祸端。"就是说楠木厅事件不是朝鲜革命党的组织性行动，而是李云汉个人的越轨行动，表明了继续为团结而努力的意向。

　　合并的范围比右翼三党变得更大。中国政府积极要求韩国独立运动阵营的统一，1939年1月金九和金元凤与中国政府协商后发表了《向同志同胞诸君的公开通讯》，提出了抗日阵线统一的必要性。1939年7月在重庆召开了由韩国国民党、韩国独立党、朝鲜革命党、朝鲜民族革命党、朝鲜革命者联盟、朝鲜民族解放同盟、朝鲜青年全卫同盟参加的"七党统一会议"，但在9月决裂。1939年10月2日，右翼三党选出代表后，开始讨论合并问题。韩国国民党的赵琬九、金朋浚、严恒燮，再重建韩国独立党的洪震、赵素昂，朝鲜革命党的李青天、崔东旿等召开了"光复阵线远东三党统一代表会议"。他们主张三党合并对临时政府今后的方针至关重要，因此应该在1939年内完成合并。虽然三党合并在1939年内未能完成，但是1940年成立了"统合韩国独立党"。1940年5月8日发表《三党解体宣言》，宣布解散三党并创建新的韩国独立党。

  1941年5月，金元凤领导的民族革命党确定了临时政府参与方针，并于12月正式宣布。1942年4月，朝鲜义勇队与光复军在临时政府国务会议上决定合并，民族革命党在临时议政院担负起了野党的作用，虽然不完整，但这意味着抗日战线实现了统一。这是民族运动家们不顾日本帝国主义的分裂企图，努力联合的结果。

# 湖南长沙与韩国独立运动

赵光范[*]

大韩民国临时政府和抗日独立斗士们虽然失去了国家,在异国他乡活动,但并没有陷入孤立无援的境地。无论去往何方,他们身边都有从物质和精神两方面支持独立的外国朋友,其中相当一部分人是中国人。至今,留在长沙市的历史痕迹正是韩国临时政府大长征苦难时期缔结中韩两国热血志士之间坚固友谊的宝贵标志。

穿过长沙市潮宗街进入历史文化街区,就能看到"中华民国"时期的公馆建筑——楠木厅6号。作为20世纪30年代的公馆式建筑,楠木厅6号西侧部分在1938年"文夕大火[①]"后受过些损失,但骨架还在。2009年,将西侧部分,拆除原有的两层小楼,恢复过街楼;东侧主体建筑部分,在四面均修复风火墙,保留其主体建筑内的天井。整体建筑面积为472平方米,楼梯与地板全为木制,青瓦白墙。建筑内到处

---

[*] 作者简介:赵光范,湖南师范大学,研究方向为韩国语言历史研究。

[①] "文夕大火"是指1938年11月13日凌晨在长沙发生的特大火灾。为应对日本帝国主义的入侵,彼时中国国民党政府为了不给敌人留下物资,试图烧毁全市所有物资,但在实施该计划之前,因各种偶发性因素导致火灾转入失控状态,导致3万多名市民丧生,90%以上的城市房屋被烧毁,损失达10亿元,使长沙市成为国际上二战中受损最严重的城市之一。

都展示着临时政府主席金九在长沙的独立运动和生活的相关的资料。如此可以得出楠木厅6号不仅是当时朝鲜革命党的本部，还是以金九为中心的韩国爱国者的一个安身之所。

楠木厅原为朝鲜革命党的本部和韩国光复战线三党合一的会场及驻所。1937年11月，金九率大韩民国临时政府要员及家属等100多人从战火纷飞的上海、杭州、嘉兴、镇江、南京，一路辗转迁移到了当时尚属大后方的长沙。韩国临时政府时驻西园北里2号即前任省长赵恒惕将军的府第，金九和其家人被安排到楠木厅。

事实上，为近代长沙市打下中韩两国人民友谊坚实基础的不是此次临时政府的转移，而是之前的"长沙中韩互助社"的设立。长沙中韩互助社中有毛泽东的参与，是最早成立的互助社，也是其他互助社的模范。成立于1921年3月17日（实际是3月14日）的互助社，通过了《互助社简章》，其内容包括名称、宗旨、入社条件、组织机构、经费来源等。大会确定将"联络韩中两国人民，敦修情谊，发展两国人民之事业"作为互助社的宗旨，并规定"在韩中两国人民之中，不分男女及宗教，凡赞成本社之宗旨者，经二名以上社员介绍均可加入本社"。长沙中韩互助社的活动为增进两国人民相互理解团结一致抵抗帝国主义，特别是日本帝国主义。当时韩方的目的是，在湖南省演讲亡国之痛、宣传排日主义，以及散布排日言论的报章杂志。旨在争取中国人对韩国独立运动的支持与援助，共同对抗日本。但当时中国志士更注重思想运动，重视通过传播新思想来唤醒民众。他们在学习韩国独立运动精神的同时，向韩国志士的反日爱国斗争表示了同情和支持。两国领导人的行动和思想上存在一定的差异，因此中韩互助社未能按计划达成目标，但即便如此，在持续进行交流、维持友好关系的同时，两国的立场逐渐一致，转向积极抗日。由此，中国政府为韩国独立运动提供了人力、物力上的支持。

　　正如前述，毛泽东作为创立中韩互助社的主要发起者之一，担任了通信部主任，事实上他已经完全实现对韩国独立运动的声援。1919年"3·1运动"爆发后，中国许多革命家积极声援，由毛泽东担任的主编和撰稿人的《湘江评论》就是其中主要刊物。毛泽东等人为韩国的独立运动所做的活动及起到的作用可以分为以下几种。一是在湖南《大公报》以及其他新闻报刊宣传韩国独立运动。以1921年3月的《大公报》为中心，分多次发表了《韩国临时政府的新内阁》《韩国侨胞，独立运动纪念大会举办》《韩国党最近的独立运动》《韩国独立党的大活动》《韩族会的大活动》等文章；二是在文化书社中重点推销朴殷植的《韩国独立运动血史》；三是暗中保护并组织韩国人在长沙等地进行反日主义的宣传。

　　中国共产党起初对韩国临时政府持批判态度。1930年，中共中央机关报《红旗》发表文章，批评韩国临时政府脱离下层群众。虹口公园爆炸案赢得了中国共产党的舆论支持。同年5月，中华苏维埃中央人民政府机关报《红色中华》以正面的口吻高度赞扬了"高丽党人"的壮举。抗战时期，中国共产党在国民党统治区域发行的《新华日报》中对韩国独立运动的报道有392条，比国民党中央机关报《中央日报》刊登的同类报道多出170条左右。

　　1937年，往返于南京和镇江之间开展独立运动的临时政府将其办公楼迁至湖南省长沙市。金九在《白凡日志》中说明了临时政府迁往长沙的理由和当时的生活。

　　　　我们百余名大家族迁居长沙是因为长沙粮食价格低廉，计划将来通过香港加强与国外联系。虽然向长沙派遣了先遣队，但后来到达长沙后,作为天佑神助,一直以来关系就很好的张治中将军就任湖南省主席,万事顺利,人身安全也得到保障。韩国的宣传等工作也取得了很大进展,从经济方面来看,从南京开始,中国中央也已每月给予我们和其他美国韩人侨胞的援助。此外,物价低廉,家人大多是难民中的高等难民。我离开韩国到达上海以后除了初次见到韩国人打招呼用本名以外,都使用假名,但在长沙就光明正大地使用金九的名字了。

大韩民国临时政府在长沙驻留时间大致为1937年12月—1938年7月。金九对外活动非常活跃,甚至是用自己的本名。但是据郑靖和《长江日记》记载,金九的家人大约于1938年2月才全部在长沙相聚,这是因为临时政府相关人士是分三次行动而不是一次结束。

时任湖南省主席的张治中将军非常欢迎金九的到来,亲自将金九一家安置在西园北里——前任省长赵恒惕的府第①；长沙广播电台增设了韩国语广播,长沙邮局专门为大韩民国临时政府设立邮箱,方便大韩民国临时政府传递信息;中国共产党高层领导人周恩来、董必武也曾来长沙看望金九。1938年1月,当时主管中国共产党宣传的文化人士郭沫若也在长沙与金九进行了会谈。

湖南省政府给临时政府要员们安排住所和办公场所,孩子们也被湖南省政府安排到名校雅礼中学就读。前文引用的《白凡日志》的一段则展现了金九在长沙停留期间辗转其他地方时,从内心深处感受到从未拥有过的那短暂的温馨。

而在长沙的这段宽松、自由的时光,也成为"大韩民国临时政府"

---

① 对此有多种说法,有史料认为金九一家的宿舍称楠木厅,也有史料认为楠木厅是西园北里——赵恒惕的府第。

各党派沟通与聚合的宝贵时机。金九在楠木厅6号聚合旅湘三党，沟通海外革命团体，共同在长沙广播电台、湖南《国民日报》、长沙《大公报》等十多个媒体发表《日本必败》宣言，使韩国复国独立运动呈现波澜壮阔之势。

金九在长沙逗留期间还与湖南省人民合力抗日。他还组织一系列活动，如隆重纪念"3·1运动"19周年、李奉昌就义6周年、"7·7"抗战1周年、虹口爆炸案等，同时开展节食献金活动，经济上支援湖南抗战。

就在爱国人士们如火如荼进行抗战救国活动时，不幸的事情发生了，也就是"楠木厅事件"。1938年5月7日夜，金九等人就三党统一的事情齐聚楠木厅开会时，朝鲜革命党员李云焕突然闯入并疯狂射击，会议室瞬间成了血海。第一枪击中了金九，第二枪击中了玄益哲，第三枪击中了柳东悦，第四枪击中了李青天。金九、柳东悦均为重伤，李青天是轻伤，玄益哲刚送到医院便抢救无效宣告死亡。金九与柳东悦入院接受治疗后一齐出院。凶手李云焕被中国警方逮捕，犯罪嫌疑人姜昌济、朴昌世等人也被拘捕，但由于中国正处于抗日紧急情况，无法详尽调查，最终只能将他们全部释放。

受重伤的金九立即被送往湘雅医院。医生判断金九没有苏醒的希望，因此，未进行应急处理就将他安置在门诊室内。这时湖南省主席张治中表示自己将负担所有费用，要求不惜一切代价全力抢救金九。蒋介石也出于对金九的关心派人送来3000元的医疗费。

医生认为没有活下去的可能，向金九长子金仁和安重根弟弟安公根下了死亡通知，于是他们急忙赶到长沙准备金九的葬礼。但是金九却奇迹般地苏醒了，并继续接受紧急治疗。当时，治疗时还使用了非常珍贵的青霉素，过了几天醒来的金九却不记得发生了什么，医生担心说出被刺真相，会给金九带来伤害，就称他是喝多了酒，摔倒受伤失忆了。在恢复初期，金九以为医生说的是真的，所以乐观地认为过几天就会好起来，逐渐恢复后他才想起来发生了什么。

金九出院后，湖南省政府将他转移到安全且宜于疗养的岳麓山，这就是后来位于该山北侧国民党将军张辉瓒的墓地（张辉瓒墓庐）①。据李强勋的回忆录记载，之所以选岳麓山作为疗养地，是因为这里风景秀丽，远离市中心，不仅静谧安全，而且可以俯瞰湘江，朝暮皆能听到麓山寺钟鼓齐鸣，是修身养性的最佳场所。金九在这里疗养了几个月后，被送至长沙的苏联领事馆。

1938年，武汉会战进入白热化阶段，韩国临时政府嗅到了危险气息，决定转移阵地至广东。湖南省政府主席张治中也调出一列火车供临时政府人员使用，然后给广东省政府主席吴铁城写了一封信。7月17日，韩国临时政府要员及家属离开了楠木厅6号，踏上了新的革命征程。1940年9月，金九以韩国临时政府主席的身份从广州赴重庆时，特意绕道长沙，坐在长沙开往贵阳的汽车上，他遥遥地望向战友玄益哲的坟墓的方向，行注目礼，陷入了沉思。从此，长沙和楠木厅6号，永远定格在金九的心里。

长沙市的楠木厅6号等大韩民国临时政府活动区见证了20世纪中韩两国深厚的友谊，承载着当时人们热血沸腾的独立梦想。金九次子、韩国前空军总长金信致力促进中韩交流，曾访问中国数十次。2007年，长沙市人民政府将此处列为文物保护单位，并于2009年将其建成纪念馆，复原了大韩民国临时政府带领韩国独立运动的历史。此后，由于部分展示内容出现错误且展品老化，需要全面更换展品，因此在进行更换

---

① 墓庐，顾名思义就是墓旁之屋。蒋介石得力干将张辉瓒战死后，蒋介石将他的尸体运到长沙，亲自出资建造墓地以及周围的建筑物。

展示及维修工程的同时，努力进行保护工作。韩国驻武汉总领馆也在临时政府成立100周年之际，在楠木厅举行了纪念仪式。

### 参考文献

《大韩民国临时政府史（韩国独立运动史资料）》（李炫熙，集文堂，1982）

《韩国独立运动史资料》3（国史编纂委员会，1973）

独立运动史（独立运动史编纂委员会，1972）

《韩国独立史》（金崇学，独立运动史，1965）

《朝鲜独立运动》Ⅱ（金正明编，原书房，1967）

《独立新闻》（上海版）

《东亚日报》（1922.10.30）

# 湖湘文化"走出去"战略实施的可行性研究

许明哲[*]

## 一、引言

进入新千年之后,尤其是提出构建文化强国之战略目标以来,以海外孔子学院的创办为表征,从中央到地方都在制定并实施旨在全球传播中国文化,主动参与新时期人类文明话语权建构的"中国文化走出去"战略。据统计,自2004年在韩国首尔大学挂牌第一个孔子学院到2019年12月底,我国已在162个国家和地区建立了550所孔子学院。[①] 但国家层面上主导并推行的几近"送出去"式的文化"走出去"行动,其实际效果来看落差相对比较大,未能达到通过"中国文化走出去",掌握国际话语权,提升中国文化软实力,展现中国形象的预期效应。相反,投资巨大的一些项目包括孔子学院在内,我们的文化走出去行动在部分国家和地区还遭受抵制,一些海外孔子学院也不得不关闭或撤回。之所以出现这些事与愿违的情况,一方面可以归结为不同国家或民族之

---

[*] 作者简介:许明哲,延边大学,主要研究方向为东方哲学、韩国文化。
[①] http://baijiahao.baidu.com

间所固有的文化差异甚至意识形态对立。因为文化上的差异会产生彼此间的文化隔阂甚至文化歧视，所以当遇到外来的文化传入到本土时，本能性的会采取文化防御举措并由此来保护本土文化。另一方面，问题可能出在我们要传播出去的文化产品与接受国市场需求之间的结构性失衡，或者我们的文化产品创意性不足，缺乏全球化时代应具备的国际竞争力。正因为这样，虽然我们拥有厚重的传统文化资源，但未能完成对传统文化进行现代语境下的文化翻译和诠释，以及富有创意性的现代化的包装，所以导致"走出去"却"进不去"的尴尬现象的出现。当然，这里还有值得关注的问题，就是目前我国实施的文化"走出去"战略中，担当文化传播之主体角色的机构大多具有浓厚的官方色彩，文化"走出去"很容易被误解为国家意识形态的输出，这也难免会引起对象国家或受众群体的警觉甚至抵制。

其实，"中国文化走出去"就是让其他国家的人们了解和熟悉中国文化，让人们理解和接纳中国的价值观念，进而实现旨在构建人类命运共同体的价值共识，以便"站起来、富起来、强起来"的中国在担负大国之责任的同时，在全球展开助力世界和平与发展的行动得到理解、尊重和支持。

十九大报告中明确提出，要推进国际传播能力建设，讲好中国故事，展现真实、立体、全面的中国，提高国家文化"软实力"。在国家顶层设计和统筹协调下，地方政府和民间机构如何参与到"文化走出去"的战略行动之中，这是本文所关注的要点。正如"一方水土，养一方人"，不同区域都有着自己独特的文化资源，有着参与全球文化竞争的资源优势。但地方政府作为传播主体参与"文化走出去"的行动，首先要从地方政府层面上认真去对待为何"走出去"、怎么"走出去"等前提性问题。实际上，《舌尖上的中国》《鸟瞰中国》《乐享中国》

等影视纪录片所展现的就是地方的文化场景。它的成功之处就在于把自然景观、民俗风情、历史文化、人文情怀集大成为一体，充分展现了中华文化所富有的亲和力、震撼力和感染力，使异国他乡的受众能直观地感受到中国文化的魅力和中国和平的形象。从某种意义上来讲，"中国文化走出去"，是对中国文化对外传播的通俗化的表达方式，传播实质上是通过信息传递所进行的一种"对话"和"共享"，是主客体之间的相互作用。能否成功走出去的关键之一，就是对进行文化对话的客体即受众的选择。

本文主要依据跨文化传播学的理论，构架传播主体、传播内容、传播渠道为基干的分析框架，立足于湖南的文化资源优势以及与韩国庆尚北道之间已架构的良好的互动关系，探索湖湘文化"走出去"战略实施的可行性方案，并以此为一个成功的范例，为其他地方省份的文化"走出去"行动提供有益的参考。

## 二、湖湘文化走出去战略实施的基础和优势

作为一个地方省份，湖南文源深、文脉广、文气足，已形成了别具一格的瑰丽多彩的湖湘文化、底蕴深厚的红色文化和蓬勃发展的当代文化，在中华文化历史和现实版图中都占有重要地位。[1] 自近代以来，湖南人以其强悍的性格和殉道之气概，在沉沦与变革的历史关节点义无反顾地选择变革，凸显了"淳朴重义""勇敢尚武""经世致用""自强不息"等湖湘文化的基本价值精神。[2] 尤其是在改革开放的新时代，湖南人以经世致用的处世哲学和入世态度，"治国、平天下"的爱国情怀

---

[1] 彭凤英：《新时代湖湘民俗文化"走出去"的优选策略研究》，《赤峰学院学报（汉文哲社版）》，2019年第12期。

[2] 陈金川主编：《地缘中国》（下），中国档案出版社，1998年版，第513页。

和价值取向，积极参与到现实改革潮流之中，在实践中传承湖湘文化，并注入时代要素使湖湘文化更富有生机。

一向崇尚实学、讲求经世致用的湖南人，在"中国文化走出去"战略行动中也不甘示弱。近几年来，湖南省先后举办了"张家界国际乡村音乐周""首届中国国际文化旅游节""吉首国际鼓文化节"等具有地域民俗风情的文旅活动，并开辟了生态避暑、民俗文化、地道美食等精品旅游线路。同时，借助于国家层面的对外交流渠道，积极参与国外文化交流活动，以演唱会、展览会、展示会等方式，将湖南的民俗、歌舞、书法、民乐、杂技等艺术作品呈现给海外民众，极大地推动了湖湘文化的对外传播。遗憾的是，虽然表面上看湖湘文化的对外传播显得红红火火，也起到了湖湘文化的宣传效果，但在传播的深广度、持续性和影响力等方面来看，仍带有一定的落差效应。

从文化传播学的视角考察，文化对外传播的过程其实就是文化信息在传播者与接受者之间进行传递和接受的一种活动。目标国群体作为接受者对于中国文化价值理念的接受与回应，是检验中国文化是否真正走进受众日常生活的方向标。[1] 文化能否"走出去"关键在于受众，受众是中国文化内容的接收者和反映者，"中国文化走出去"的目标就是架构对象国家受众的文化认同。所谓的文化认同主要指文化传播的受众对他国文化价值内核的认可与赞赏，获得对文化价值情感态度上的归属意识，进而产生主体意志对价值内核的自觉内化与责任外化。

如何打破"走出去"却"进不去"的瓶颈，这是目前"文化走出去"战略行动中急需解决的课题。而能否打破这一瓶颈关键在于，如何赢得受众对象的文化认可和接受。笔者认为，在中国特有的体制和机

---

[1] 黄晓曦、苏宏元：《中国文化走出去：评估指标建构与提升路径探析》，《学习论坛》，2020年第1期。

制架构下，地方的"文化走出去"战略需要更加具体化、目标化、实效化。也就是说，受众目标要明确，传播内容要具体，传播活动要实效。从这个意义上来看，湖湘文化"走出去"的目标对象应锁定在韩国的庆尚北道。因为湖南在这方面前期工作做得比较扎实，两地民众的认知度和亲和力较高，而且湖南所拥有的一些文化资源也可展示其功能发挥的优势。具体来看，

第一，湖南省地处东部沿海地区和中西部内陆地区的交通枢纽地带，构筑了比较发达的交通网络，牵引着东西部和城乡的协调发展，成为中国南东部经济发展的核心城市、内陆物流和商务中心。从韩国方面来看，湖南亦可成为韩国文化走向中国内陆地区的具有战略意义的桥头堡。中韩建交之后的早期，在内陆地区的湖南省高规模投资建厂的是韩国企业。自1998年开始韩国LG在湖南投资建厂，当时为湖南提供了大量的就业岗位，增大了地方政府的税收。随着中国功能区域战略规划及中部崛起战略的实施，作为中部崛起战略三个先导区之一是湖南省自然会成为韩国企业新的投资市场和战略市场。2014年7月Kotra主办的韩—湖北省产观学协调经济协作论坛，可以说是韩国企业界对中部地区的关注度的一种表现。

第二，两地政府层面上的良性互动搭建了双方文化交流与合作的平台。早在1994年，时任湖南省委书记的王茂林率团访问庆尚北道，双方表示愿意在经济、贸易、文化、教育、旅游等多领域开展交流与合作。2016年5月28日，韩国庆尚北道与湖南省签订了一份关于经济、贸易、文化、旅游、教育等领域进行交流与合作的意向书。湖南省与庆尚北道通过民间和官方的持续交流，积极参与总部设在韩国浦项的东北亚自治团体联合（NEAR），2017年还担当了该联合的议长团体，为双方全面的合作与交流打下了良好的基础。在此基础上，2018年11月29

日，庆尚北道和湖南省建立了姊妹关系，时任湖南省省长和庆尚北道知事分别代表两地在协定书上签字。

第三，韩国人对湖南有着好感。2005年湖南台在中国大陆第一个播放了韩国电视连续剧《大长今》，不仅创下了极高的收视率，而且之后陆续开播介绍韩国的娱乐节目，一跃成为中国市场上韩流的传播中心。韩国媒体认为，湖南卫视是仅次于中央CCTV-1的大陆最有影响力的观众所喜爱的地方台，湖南卫视的收视率之所以能够保持高位，是因为它有独特的优势品牌节目，而这些品牌节目的独特性多少与韩国的相关节目的改良有关。2005年全国首播的《大长今》深受好评，各地方台相继播出此电视剧，而且最近经过创意性的改造之后的中国版的"我是歌手"节目，更是集聚了空前的人气。由于该节目组也聘请了韩国国内比较有名气的歌手参与，该节目在韩国娱乐圈和观众中引起了极大的关注和反响。同时，2017年7月30日，韩国KBS-1台播放了暑期特别节目"阿凡达的另一个世界——湖南"，专门介绍了张家界的国家森林公园。目前在张家界从事旅游业的韩国人相对较多，景区内的导向牌也用韩语做了明示。这虽说是一个举手之劳，但足以博得韩国游客的好感，留下了"美丽湖南、善良湖南、开放湖南"的美好形象。

第四，两地人对近代历史尤其是抗日战争有着共同的话语和价值认同。韩国人所熟悉的历史人物，如屈原、柳宗元、杜甫、陶渊明等文学名人，还有周敦颐等儒学家，以及曾国藩、左宗棠等晚清名人的行迹，足以带动两地学界人文领域的学术交流。特别是在抗日历史中湖南还具有特别重要的地位，1945年8月15日，在第二次世界大战即将结束之际，日本天皇宣布无条件投降之后，在中国战场第一次接受日军投降的地方，就是湖南芷江。湖南省与韩国进行交流的又一大的资源优势还在于，长沙保存着1937—1938年间大韩民国临时政府在长沙活动时期的旧址。考虑到大韩民国临时政府在韩国人心目中的分量,此遗址足以成为吸引众多韩国游客到湖南旅游观光的一个重要的旅游景点。

现在的大韩民国在宪法上明文规定,它传承的是大韩民国临时政府的衣钵,因此韩国人对于中国境内的大韩民国临时政府遗址有着特殊的感情和特别的钟爱。但韩国人大多关注的是在上海或重庆的大韩民国临时政府古迹,很少有人关注在长沙的大韩民国临时政府活动期间的遗址。如果在这部分多下功夫或加大宣传力度,且与张家界、岳阳楼、岳麓书院等自然人文景观连接成系统的文化旅游走廊,则更能彰显湖南友好亲善的品牌形象。

第五,通常情况下,进行跨文化传播的时候往往会遇到一个"翻译"问题,如果翻译的不准确就容易产生误解或歪曲,不仅会降低文化传播的实效,也会失去"文化走出去"的意义。但对于同属一个汉字文化圈的韩国而言,相对来说可减少"文化翻译"而带来的理解上的混乱及沟通上的障碍。譬如饮食文化传播时,我们亦可以直接用汉字注明湘菜的名称,然后用韩文或中文解释每个菜肴的文化内涵、传说故事。这样,以湘菜作为载体进行文化对话与交流,由此让韩国民众了解湖南饮食、接受湖湘文化。

## 三、湖湘文化"走出去"的可行性策略

湖湘文化"走出去"的实质来看,应该属于跨文化传播范畴,是一种复杂的跨越国界的文化符号交换的过程。[①] 所以,我们必须要明确湖湘文化"走出去"需要哪些特定要素?推动湖湘文化"走出去"的核心因素是什么?其实任何一种文化形态的跨文化的传播都不是某一单

---

① 王宁:《中国文化走出去的自觉与自信》,《探索与争鸣》,2014 年第 1 期。

个因子的功能发挥所致,而是多种因子的有机联动性效应的结果。文化传播主体的形成、文化产业的发展水平、国外受众群体的认同程度、传播渠道的多重性等皆可成为影响文化走出去的实际效果的潜在因素。美国著名传播学者哈罗德·拉斯韦尔曾提出过著名的"5W"传播理论,指出了传播者、传播内容、传播媒介、传播媒介、信息受众以及传播效果等构成传播的五大基本要素。即谁→说什么→什么渠道→对谁→什么效果。[①] 用一般意义上的传播学理论架构研究框架的话,就绕不开传播主体、传播内容、传播渠道、受众对象等几个变量。

从传播学的角度来看,湖湘文化"走出去"本质上是在国家战略主导下推动中华文化对外传播的过程,这就意味着它具有与一般传播过程相对应的构成要素以及基本特征。

首先,湖湘文化的传播主体理应是多元的,首先是湖湘文化发展战略的制定者和规划者,政府将成为主要的实施主体。作为地方政府湖南省要想真正让湖湘文化"走出去",就应该充分发挥地方的优势,挖掘湖南自身的资源,要多点发力、多措并举,在此基础上融汇政府、企业、高效、民间等多元主体力量,构建丰富而现实的文化内容体系,实施受众本位的传播策略。还有企业界、文化界、知识界、社会团体作为辅助性主体,因其官方意识形态化的政治色彩比较淡薄,市场机制的依赖度较高,具有渗透力较强等优势,在跨文化传播中发挥着举足轻重的作用。特别是考虑到湖湘文化的特质,湖南境内的大学和研究机构应成为重要的辅助性主体。还有要想湖湘文化"走出去",做到走得稳、走得久、走得远,需要企业力量的积极参与。企业的责任不单是扩大海外市场,提高经济效益,更在于打造一个文化品牌,通过品牌的打造能满

---

① 参看哈罗德·拉斯韦尔:《社会传播的结构与功能》,何道宽译,中国传媒大学出版社,2013年版。

足国外消费者的文化诉求和审美情趣。

其次，就湖湘文化的传播内容而言，既包括观念、价值、审美等无形的文化形态，也包括有形的物态化、符号化的文化形态。这两种不同类型的文化构成湖湘文化"走出去"的资源基础。由于国家意识形态之表征的价值观的输出，容易遭到抵制或拒绝，产生所谓的不同文明之间的冲突，因此，要想使地方文化"走出去"应立足于易于产生共识、共鸣、共享的知识性的、日常性的文化。那些具有优质的精神文化也可以通过多元传播渠道和合理包装，从受众的文化情感中寻找契合点，亦能够有效地提升文化走出去的实际效果。

作为一个地方或区域性文化能否把自己提升并融入更大的文化熔炉，关键之一就是把地方的文化融入日常生活之中，成为日常文化消费品。湖湘文化应该走的路就是融入受众的日常生活世界，成为日常文化生活的消费品。作为消费品湖湘文化有一定的优势或特色，包括在与人类的基本需求有关联的饮食文化，湖南拥有着中国八大菜肴之一的湘菜，而这种湘菜的辣味也比较迎合韩国人的口味。

在传播内容中不容忽视的就是书院文化及其精神。长沙有一个独到的风景世界，就是岳麓书院。书院从唐代开始至晚清教育改制，书院作为一种主要的文化教育组织，几乎是中国文化的一大象征。如今的岳麓书院包括在内的书院作为一种文化符合、历史遗址，成了旅游观光的一个景点。其实，培育出了书写半个中国近代历史的魏源、曾国藩、左宗棠等人物的岳麓书院的价值和象征意义远不止于此。我们知道，2019年7月，在阿塞拜疆首都巴库举行的第43届联合国教科文组织世界遗产委员会会议上，韩国以"新儒学书院"之名，使9所保存了朝鲜王朝时代儒学私塾原貌的书院成功入选世界文化遗产，而这些书院又大多在庆尚北道。早在2015年韩国开始启动书院申遗计划时，国内曾有过呼吁有关方面重视中国境内的书院遗迹的保护、传承，联动韩国、日本等东亚儒家文化圈的相关书院共同申遗的声音。这说明一个道理，就是有些文化不仅仅是地方的或国家的，它可能是属于超越国界的区域性的，或者是世界性的。当韩国启动的书院申遗成功时，中国书院学会副会长、湖南大学岳麓书院教授邓洪波在接受凤凰网记者采访时向韩国表示祝贺的同时，也强调中国书院承载无数读书人文化积累、研究、创造与传播的梦想，是东亚文明的共同财富，它成为世界文化遗产，当之无愧。通过书院这一平台两地学者可以共同探索和践行儒家书院之精神。①

最后，从传播渠道来考虑的话，目前普遍应用的是按照载体来划分的文化交流、企业传播、新兴媒体等。文化交流包括政府组织的公益性的文化艺术展览等。企业传播是指通过商业演出、文化贸易、跨国合作等市场化的形式推动的中国文化对外传播。② 对于如何"走出去"的"传播渠道"的探讨中，一些学者借鉴相关的理论模型，提出了中国文化"走出去"的"注资""借船出海""联姻""入驻""技术导向"等几种模式。③ 还有人聚焦文化产业竞争力的提升，强调必须通过政府扶持、企业运营、银企合作，利用和建设国际合作化流通渠道与传播平台，打造具有中国特色的现代文化市场体系，从而助力中国文化"走出去"，塑造中国的文化强国形象。就目前来说，政府主导的展演、展示可以说是传播文化的一个有效途径，我们亦可把展演系列化、品牌

---

① 岳阳楼等既可作为观光旅游的一个景点，亦可作为一个象征和文化符号，借此开展文学文化交流。
② 黄晓曦．苏宏元：《中国文化如何有效走出去》，《西南民族大学学报（人文社科版）》，2020年第8期。
③ 张晓风、金起文：《文化"走出去"的模式及转型》，《新闻记者》，2012年第33期。

化，通过主题展演和文化体验相结合的方式，尽可能走进受众群体当中，尽可能地贴近受众对象的审美需求、精神享受和消费时尚，加深他们对湖湘文化的欣赏和认同。高校和科研机构也可以结合相关学科领域的学术交流平台，把湖湘文化打造并升华为潇湘学，定期以夏令营的方式组织两地学生联谊性的踏查、体验等活动，增进两地下一代人的友谊。

## 四、结论

习近平在论述中国传统文化和当代核心价值观时，指出把"跨越时空、超越国度、富有永恒魅力，具有当代价值的文化精神弘扬起来，把继承传统优秀文化又弘扬时代精神、立足本国又面向世界的当代中国文化创新成果传播出去"。这就从根本上奠定了中华文化"走出去"的战略基调与必要性。要"走出去"的文化应该是源远流长的中华文化，而承载这种文化的主体应该是中华大地上生生不息的区域性文化。所以，某种意义上中国文化"走出去"就是中国各个地方的文化如何走向世界的问题。

湖南省作为一个多民族的中部省份，属于长江流域民俗文化圈。湖南所拥有的丰富多彩的民俗文化、奇特的自然景观、独有的人文资源，不仅为湖南的旅游文化和经济的发展提供了丰厚的资源，同时也为湖湘文化"走出去"提供了重要的文化原料。作为地方政府所主导并实施的湖湘文化走出去，重要的是必须树立"受众本位"的传播理念，寻找与他国受众对象的利益交汇点和情感共鸣点，以更加具有针对性、有效性的话语体系，讲好湖湘自己的故事，传播好能够让受众了解湖南的表征性文化特质。为此，应着重抓好共享与反馈。就受众共享方面而言，应在坚持文化传播地域化、分众化、差异化的基础上，实现最大程度的"求同",凝练具有同构共鸣的价值精髓,凸显差异中的"共同价值"和"普遍原则",最终获得"他者承认与接受"。同时,对于受众群体反馈的数据,应建立以大数据为基础的效果反馈机制,对受众接受效果进行全面持续的精准评估,进而获取具有较高的认同度、知名度、赞誉度的有效传播。

  概言之,要使湖湘文化"走出去",首先必须大力加强自身文化建设,塑造好湖湘文化自身的形象,同时,还要必须大力加强湖湘独有的话语体系构建,提升湖湘文化传播能力。尽管受到客观的地理环境约束,但亦可利用现代航空手段打破地域限制,开辟出一条有助于中原崛起的"空中丝绸之路",并利用"空中丝绸之路"成功地打造出地方文化走出去的范例。

# 关于湖湘文化及其对外传播的思考

肖华锋　卢　婷*

关于湖湘文化，笔者没有系统了解，更谈不上深入研究。在笔者2018年调到湖南师范大学工作之前，对湖湘文化印象最深的，一是湖南卫视的全国影响力，二是湖南省委提出的"敢为天下先"的地方经济社会发展理念。如今在湖南已有四年了，耳濡目染，对湖湘文化有了一点肤浅的认识，湖南不仅仅有"霸得蛮"的湖湘人性格，而且也有深厚的历史底蕴，同时还能与时俱进，充满朝气蓬勃的现代气息，长沙被誉为"网红城市"即可见一斑。总的来说，从湖湘文化的民风民俗看，笔者认为是一种现代性和传统性结合得比较好的地域文化。

## 一、文化之定义与湖湘文化的发展

自20世纪90年代开始，"文化热"在学术界兴起，各个学科文化蜂拥而起，如世界文化史、西方文化史、中国文化史、新闻传播文化、法律文化、政治文化、教育文化、社会文化等都成为各个领域学者开拓

---

\* 作者简介：肖华锋，湖南师范大学，研究方向为区域国别研究；卢婷，湖南师范大学，研究方向为中日比较文学研究。

的新的学术阵地。如今,"文化热"方兴未艾,但重心发生转移,从"研究文化"转移到了挖掘整理文化资源并予以传播,出发点是配合旅游开发和地方形象构建,考虑如何把各地的文化传播出去,由此,具有地方特色的地域文化扑面而来,如齐鲁文化、荆楚文化、吴越文化、徽州文化、赣鄱文化、闽南文化,巴蜀文化,燕赵文化,京派文化,海派文化,等等,不一而足,湖湘文化也顺势而起。但何为文化?怎样讲好文化故事?却是鱼龙混杂。

有关"文化"的定义,也是林林总总,未有定论。美国学者克罗伯和克拉克洪在梳理整个学术史的基础上,于1952年出版了《文化、概念和定义的批判考察》一书,认为学术界关于"文化"的定义有164种。同时,他们也给出了自己关于"文化"的定义,他们认为,文化由外显的和内隐的行为模式构成;这种行为模式通过象征符号而获致和传递;文化代表了人类群体的显著成就,包括它们在人造器物中的体现;文化的核心部分是传统的(即历史的获得和选择的)观念,尤其是它们所带的价值;文化体系一方面可以看作是活动的产物,另一方面则是进一步活动的决定因素。该定义包括了物质文化和价值观文化,突出了文化的传统性和传播性特点,其中,价值观是文化的核心内容,由此,我们在挖掘文化资源时,目光不能仅仅放在考古挖掘了多少古代器皿,更重要的是应该解读这些器皿所蕴含的古代精神和价值观,这才能凸显一个地方文化的历史底蕴。

"文化"被学界认为最经典的定义是1871年,英国学者泰勒在其《原始文化》书中所给出的,他认为,文化是包括全部的知识、信仰、艺术、道德、法律、风俗以及作为社会成员的人所掌握和接受的任何其他的才能和习惯的复合体。从泰勒的定义可以看出,人类的生存技能也是一种文化,这也符合"文化"在拉丁语中原意。从词源上看,

Culture 来源于古罗马时期的 cultura，与 cultivate 同宗，乃"耕耘、培植"之意。我国学者金元浦在总结国内外学者关于"文化"定义的基础上，认为文化的基本结构包括物质生产文化、制度行为文化与精神心理文化。其中，精神心理文化由人类社会实践和意识活动长期孕育而成的价值观念、思维方式、道德情操、审美趣味、宗教感情、民族性格等因素构成。它所反映的是人的内心世界，潜伏在整个文化系统的深层。由此，"霸得蛮"作为湖湘人的一种社会心理，自然也是一种地域的文化品格。

作为一个文明古国，中国自古以来就强调文化的精神层面和社会的教养，"以文化人"成为文化的主要功能。但从上述介绍看，"文化"对人类而言，犹如空气之于人类，无所不在，无时不在，无所不包。这无疑给地域文化的凝练和构建增加了难度。

近二十年来，湖南本地高校一些学者在努力挖掘和梳理湖湘文化资源。

朱汉民（2011）认为，湖湘文化，有广义与狭义之分。广义的湖湘文化是指湖南省区范围内历史上所有的文化现象，既包括以氏族血缘为基础的部族文化，又包括以政区地缘为基础的地域文化。狭义的湖湘文化仅指以氏族血缘为基础的部族文化、方国文化之后，统一的中华文化形成后的地缘区域文化，即和湖南省地区行政区相对应的文化区，是指汉、唐以后所形成的湖南行政区的地域文化。

学者们对湖湘文化的演进过程也进行了梳理，或按人物划分，或按时间段划分，划分角度不同因而结果也就不同。彭大成（1991）对近代以后的湖湘文化的演进途径，根据湖湘文化发展的思想线索，分成两条思想线索：第一条是由王夫之—谭嗣同—杨昌济—毛泽东的爱国主义和民主启蒙思想发展路线；第二条是由王夫之—曾国藩—杨昌济—毛泽东的中国传统文化思想发展路线,这两条思想脉络的起点都是王夫之,终点则是毛泽东,其中曾国藩对湖湘文化的传承起了重大作用。周秋光(1999)将湖湘文化的发展演进分四个阶段:南宋时期的第一次大融合形成了古代湖湘文化;洋务运动时期的第二次大融合,使经世致用为特征的湖湘文化兴盛于一时;戊戌变法和辛亥革命的第三次大融合,使湖南全省风气大开;新文化运动以来的第四次大融合,是湖湘文化发挥巨大社会功能的时期。饶怀民(1999)则认为近代湖湘文化的发展大体上经过了三个阶段:第一阶段从鸦片战争开始到甲午战争为止,为地主阶级的经世派、洋务派文化时期;第二从中日甲午战争开始到辛亥革命,为资产阶级维新派、革命派文化时期;第三阶段从辛亥革命到五四运动前后,为无产阶级新文化时期。可以看出,湖湘文化从北宋末年到近代经历了一个由盛到衰再到盛的过程,而王夫之是湖湘文化振弊起衰的关键人物。在这一点上学者们都持认同态度。

## 二、湖湘文化的特点

一方水土养一方人,既可以说一个地缘塑造了一个地域人的性格特点,也可以说形成了一个颇具地方特色的地域文化。我们提炼湖湘文化的特点,目的是为了更好地对外传播湖湘文化。我们可以以古代色、现代色和自然色"三色"特点来简单叙述湖湘文化的特点。

1. 古代色

文化就是历史,历史就是底蕴。"惟楚有才、于斯为盛"昭示着湖南人绵延千年的文化自信。梳理湖湘文化,就是为了挖掘湖南的历史文化底蕴。湖南历史上出了不少可以引以为豪的名人,遗憾的是,坊间流传,基本上从曾国藩始。朱汉民(2011)认为,湖湘文化建构过程中,一直有两个文化源头,一个是本土文化的源头,它可以追溯到先秦时代的苗蛮文化、荆楚文化。这些文化以鲜活的风俗、习惯、心理、性格等生活形态传递下来，构成湖湘文化的重要内容。另外一个是中原文化的源头。从哲学思想看，湖南属于宋明理学的发源地之一，有"理学之邦"之称。理学开山鼻祖周敦颐是湖南人，并在湖南讲学。尤其是南宋以后，胡氏父子、张栻于湖南创办书院讲学，形成了以"湖湘"称名的地域学派，使湖南有"潇湘洙泗"之称。理学不仅作为学术思想而受到士大夫的广泛崇奉，它还渗透到本地区的日用伦常、社会习俗。数百年以来，湖南一直标榜理学为"正学"，并以其激励、劝勉湖南的士子。湖南著名理学家周敦颐、胡安国、胡寅、胡宏、张栻等人的成就，证明了湖湘学统源远流长。胡安国、张栻等理学家创办书院、形成学派，使湖南形成崇尚理学的传统，这是湖湘文化推崇理学的区域方面的原因。湖湘文化实质上是以湖湘理学为思想支点的一种文化，它伴随着数代湖湘理学大师的理论阐发和辉煌功绩深入广大湖湘人士的心中并凝聚成一种永恒的情结。

从更早的历史看，屈原的爱国精神、蔡伦的造纸术、张仲景的中医术等都是值得重彩一笔的湖湘文化内容，更何况，马王堆汉墓的考古发掘，湘绣2000多年的传承，都可证明湖湘文化源远流长的古代色彩。

2. 现代色

湖湘文化的现代色体现在两个方面，一是近代以来的革命文化，二是改革开放以来的流行文化。

湖湘文化向来有"先天下之忧而忧，后天下之乐而乐"的家国情怀。其中，清朝有：反禁欲、反专制、均天下的爱国思想家王夫之；放眼看世界并主张学习西方技术的中国第一人魏源；主张研究学习西方民主政治制度的中国第一位驻外使节郭嵩焘；有经世之才的湘军领军人物曾国藩；封疆大吏左宗棠。尤其近代以来，湖南涌现出了一大批政治家、革命家、军事家，如谭嗣同、熊希龄、唐才常、沈荩等；在资产阶级革命运动中，又有黄兴、蔡锷、陈天华、宋教仁、禹之谟等革命家；到了现代，又有无产阶级革命家蔡和森、毛泽东、刘少奇、任弼时、彭德怀等。注重经世致用、敢为天下先成为湖湘文化现代色的主要内涵。近现代以来的湖南仁人志士为中国社会现代化做出了巨大贡献。

改革开放以来，湖南人继续承载着湖湘文化的历史文脉和"敢为天下先"的历史使命。以文化创意产业为主的"文化湘军"自20世纪80年代末起悄然兴起并迅速壮大，创造了中国瞩目的"湖南文化现象"。以"广电湘军""出版湘军""动漫湘军""娱乐湘军""创意湘军""移动互联湘军"为核心阵营的"文化湘军"品牌集群稳步崛起，声名显赫。充满活力的"网红长沙"正在打造具有国际影响力的数字创意视频基地——马栏山视频文创产业园。湖湘文化不仅具有丰富的文化内涵，同时具有了丰富多彩的文化产品和现代气息。

3. 自然色

从地缘文化或地理环境决定论来看，一个地域的自然环境往往会决定该地域人的生活习俗和饮食习惯，甚至其性格特点。一方水土养一方人。从传播学角度看，丰富的自然风光自然会促进该地域的旅游文化的发展，而旅游文化的发达自然会带来该地域特色文化的对外传播。

湖南虽处闭塞之地，三面环山，但境内山水名胜早在宋元之际就风靡海外，描绘湖南山水的《潇湘八景》被日本人奉为国宝。作为文化大省，湖南一直注重优秀文化和自然遗产的传承与保护。截至目前，湖南拥有两处世界自然遗产——武陵源、中国丹霞—崀山，一处世界文化遗产——老司城土司遗址。此外，南岳衡山、紫鹊界梯田—梅山龙宫、里耶—乌龙山、炎帝陵—桃源洞等四处景区入选国家自然与文化双遗产预备名录，万佛山—侗寨景区入选国家自然遗产预备名录。另外还有所谓的"新潇湘八景"。这些湖南地方的自然风光和人文景观无疑也在展示和传播着湖湘文化。

### 三、湖湘文化的对外传播

湖湘文化作为一种具有地方特色的地域文化，其对外传播不仅仅是以境外受众为传播对象，湖南省外的国内受众也是其传播对象，所以，对外传播湖湘文化，实际上涵盖国内和国（境）外两个传播圈。如何在国内外展示湖湘人的形象，传播湖湘文化，都是对外传播战略中需要思考的问题。

首先，讲好湖湘文化故事是基础。如上述，湖南的文化资源非常丰富，现在的文化产业也比较发达，"文化湘军""网红长沙"已经成为文化品牌，韶山、张家界、凤凰古城、南岳衡山等也都是旅游胜地，沈从文的《边城》、古华的《芙蓉镇》和宋祖英的《辣妹子》等，都曾经把湖湘文化传遍祖国大地，茶颜悦色奶茶、《文和友》、湘菜系列等，成为深受消费者喜爱的现代湖湘文化符号。"广电湘军"推出的《超级女声》《快乐大本营》等节目风靡全国受众。但严格来讲，真正围绕讲好湖湘文化故事的作品或产品不多。我们的"广电湘军""出版湘军""动漫湘军""娱乐湘军""创意湘军""移动互联湘军"应该坚持"内容为王"的传播铁律，组织一批湖南本土或湖南走出去的作家、导演、剧作家、新媒体人士等，围绕湖湘文化的主题创作一系列优秀作品，讲好湖湘文化的故事，凝练湖湘文化的精神。

其次，充分利用民间机构、民营企业、全国性和国际性交流活动、海外使领馆、海外湖南商会及同乡会社团等加强湖湘文化的传播。

说到传播，我们都有一个惯性思维，好像就是官方新闻媒体的责任，这难免使得我们的传播内容貌似权威，但呆板，宣传意味过浓，故事性不强，自然会影响传播内容的可接受度。实际上，如今全球化和自媒体时代，人人都是麦克风和文化传播者，任何机会任何场合都有成为"文化外交家"的机会。比如，长期落户长沙并已经成功举办两次的中非经贸博览会就是一个对非洲讲好湖南故事，传播湖湘文化的绝佳国际舞台，每两年举办一次，我们有足够的时间设计并制作出一批体现湖湘文化的作品和产品呈现在非洲友人面前。据了解，移居海外的湘籍华人不少，且家乡情谊厚重，省侨联和外事办等机构可以加强与海外湖南商会和同乡会沟通，动员他们有意识地担负传播家乡文化的使命和责任。

再次，充分采用传统媒体和新兴媒体的融合传播。

传统媒体是以电视、报纸、广播、杂志为代表的媒体。湖南的媒体产业高度发达，以湖南卫视领衔的"媒体湘军"享誉华人圈。2009年5月开通的湖南卫视国际频道，为湖湘文化的对外传播打开了通向国际的大门。当下，湖南卫视全力打造的芒果TV视频网站就实现了其所有资源的在线传播，这是传统的电视媒体与以"互联网"为代表的新兴媒体融合，以实现"全媒体平台"的传播。而以微博、微信、微电等"微内容"为特征的"微时代"的到来，表明了以"移动互联网"为代表的"自媒体"传播方式的普及和应用。在微时代，每个手机使用者既是信息接收者，也是传播者；既是信息消费者，也是信息生产者。在这样的媒体环境中，传播湖湘文化更要接地气，关注民间人士，拓展对外传播的新路径。

最后，利用人工智能技术加大对受众的研究，把脉各个地区各个国家不同受众的信息消费手段、收视习惯和兴趣偏好，框定目标受众，实行精准传播。

传播的发展经历了从大众传播到分众传播再到窄众或小众传播乃至个体传播的演变过程，文化传播已经不仅仅依靠传媒技术的进步，更大程度上要尊重受众的兴趣爱好和信息消费,"以媒体为中心"走向了"以受众为中心"。"双向传播"是现有国际传播的主流趋势,故知己知彼是有效对外传播的根本保障。

不可否认,西方人对中国充满数千年的古代理性文明更感兴趣,但出于意识形态的对抗,对中国社会主义现代化的成就是排斥的,而亚非拉等发展中国家的受众无疑对我们的现代化成就颇感兴趣。网络发达的国家和地区,新媒体和自媒体肯定发达,而对那些网络欠发达国家和地区,传统媒体肯定依然是他们的主要信息渠道。对识字率高的国家和地区,可阅读性媒体传播也许有市场,但对那些识字率低的国家和地区,也许视频图片等传播内容才符合他们的信息消费需求。我们可以通过人工智能算法和情感分析技术加大对受众的研究,实现传播内容精准生产、传播产品精准投放和传播效果精准反馈,不断提升对外传播效果,增强对外传播的亲和力和实效性。

同时,在话语叙事上要区别对内传播和对外传播,提升跨文化传播能力。比如,"红色文化"是现代湖湘文化的重要组成部分,在对国内受众的传播上,可以加大红色文化故事的传播,但对待国外受众,尤其是美西方受众,其翻译传播必须考虑目标国受众的接受习惯。"红色"在我们的文化里象征喜庆、革命,而在西方文化里,往往代表一种与他们对立的意识形态。美国国防部曾经有一位高官居然歪曲我们的"红色基因"传承,认为9000万中共党员对党效忠,是因为我们注射了一种"红色的基因"在体内。历史上,美国先后出现过两次抵制苏联社会主义的"红色恐惧(red scare)"运动。所以,我们建议,讲述湖湘红色文化,在对境外的传播中,不如以"革命文化"或"名人文化"为主旨进行湖湘红色文化的传播效果更好。

## 四、结语

湖湘文化是中华文化的重要内容，讲好湖湘文化故事，就是支持中国文化软实力建构，丰富中国文化故事，对海外传播湖湘文化是"中国文化走出去"战略不可或缺的一部分。某种程度上，加强地域文化的海外传播，更有利于实施地方"文化外交"，对海外部分受众"润物细无声"，让其逐渐接受并欣赏中华文化。

由此，如何挖掘并整合湖湘文化，凝练湖湘文化的精神价值，并以国内外受众所接受和喜爱的文化符号、作品和产品，通过恰当的传播路径传播出去，这是我们每一位湖湘人应该具备的历史担当和现实情怀。

**参考文献：**

爱德华·泰勒著：《原始文化》，连树声译，上海：上海文艺出版社1992年版。

陈慧君：《湖湘视觉文化的发掘与呈现》，《湖南包装》2008年第1期。

何满宗：《湖湘文化新论》，《艺海》2009年第8期。

李湘树：《湘绣》，长沙：湖南人民出版社2003年版。

刘四平、吴仰湘：《论湖湘学术之兴与湖湘人才之盛》，《湖南师范大学社会科学学报》2002年第1期。

彭大成：《湖湘文化与毛泽东》，长沙：湖南人民出版社1991年版。

饶怀民：《李燮和研究中的几个问题》，《求索》1999年第2期。

谭长富、康化夷：《湖湘文化的反思》，《求索》2004年第6期。

王战：《湖湘文化对外传播策略与路径研究》，《湖南师范大学社会科学学报》2015年第1期。

朱汉民：《湖湘文化探源》，《湖南大学学报》（社会科学版）2011年第4期。

周秋光：《湖湘文化学术研讨会综述》，《光明日报》1999年7月30日。

周秋光：《湖湘文化的个性特征及其缺陷》，《船山学刊》2001年第4期。

# 翻译传播学视域下湖湘文化"走出去"策略体系建构

余承法　万光荣[*]

## 一、引言

2016年以来，湖南省提出文创产业发展目标，旨在以湖湘文化为根基、以数字视频为特色、以"文化+"和"互联网+"为手段，对标看齐中关村，着力打造全国乃至全球文创产业发展高地[②]。在国家广播电视总局批复设立"中国（长沙）马栏山视频文创产业园"之后，湖南省力争形成"北有中关村、南有马栏山"的行业引领格局，打造具

---

[*] 作者简介：余承法，湖南师范大学，主要从事翻译学、翻译传播学和钱锺书研究；万光荣，湖南师范大学，主要从事语言类型学、汉英对比与翻译研究。
本文系湖南省社科基金智库专项重点项目"打造马栏山文化品牌推进新时代湖湘文化交流与传播研究"（19ZWB54）、湖南省社科基金项目"新时代湖湘文化走出去策略研究"（18YBA291）、2020年度湖南省学位与研究生教育改革研究重大项目"新文科背景下翻译传播学跨学科人才培养研究与实践"（2020JGZX006）的阶段性成果，原载于《湘潭大学学报》（哲学社会科学版）2021年第1期。感谢湖南师范大学翻译传播研究所尹飞舟教授、广东外语外贸大学翻译学研究中心黄忠廉教授、长江大学外国语学院田传茂教授对本文的指导！

② 湘声.对标中关村　打造马栏山[N].湖南日报,2017-6-14.

有国际竞争力、中国最好的视频基地——"中国 V 谷"。加快马栏山视频文创产业园建设，建构新时代湖湘文化"走出去"策略体系，是讲好湖南故事、传播湖南声音、弘扬湖南精神的重要举措，对形成湖南文化建设和政治经济建设的良性互动具有战略意义和现实价值。

　　立足翻译传播学视角，根据翻译传播的主体、客体、译者、媒介、受体和效果六要素之间的互动关系，将翻译传播过程分为发起、翻译、传输和接收四个阶段。发起阶段以翻译传播主体为中心，确定翻译传播的定位、目的、内容、译者和媒介；翻译阶段以译者为中心，译者跟主体、媒介和受体保持互动，完成湖湘文化作品①的语际转化；传输阶段以报刊社、出版社、广播台、电视台、大型网站以及各种自媒体、新媒体为中心，进行翻译作品的国内外传递；接收阶段以受体（包括境外来华人员和海外受众）为中心，完成作品的接收和反馈。针对这四个阶段，可分别确立湖湘文化作品的优创优选策略、对外翻译策略、国际传播策略、效果评测策略，并以"中国 V 谷"作为文化交流基地和对外传播平台，根据文艺创作实践、市场需求、受体反馈，适时调控四个阶段的策略，建构一个有机统一、循环往复、自我优化的新时代湖湘文化"走出去"策略体系（见图1）。其操作程序如下：先建立湖湘文化资源总库，确立选择标准和原则，将优选的文化作品收入湖湘文化精品资源分库，暂时未选中的作品放回资源总库，便于今后重新挑选或改写；优选策略的标准和原则也可用来指导优创策略，用汉语创作的作品进入对外翻译环节，经过翻译策略的选择与运用，进入国际传播环节，

---

① "作品"是指文学艺术方面的成品，强调创意性、审美性、唯一性；"产品"是指生产出来的物品，具有规模性、经济性、批量性。"走出去"的中华文化不仅包括艺术作品，也包含文化产品。就湖湘文化而言，被誉为"湖湘四宝"的中国红、活性炭雕、菊花石、湘绣是湖南奉献给世界的尊贵好礼。为简洁起见，本文仅用"（湖湘文化）作品"一词。

用外语创作的作品则直接进入国际传播环节；翻译作品经由不同领域的传播策略操作，进入国外市场；建立针对翻译传播的效果测评策略，分别对前三个阶段的策略运用进行评价与优化，并开始新一轮的策略体系建构和实际操作。

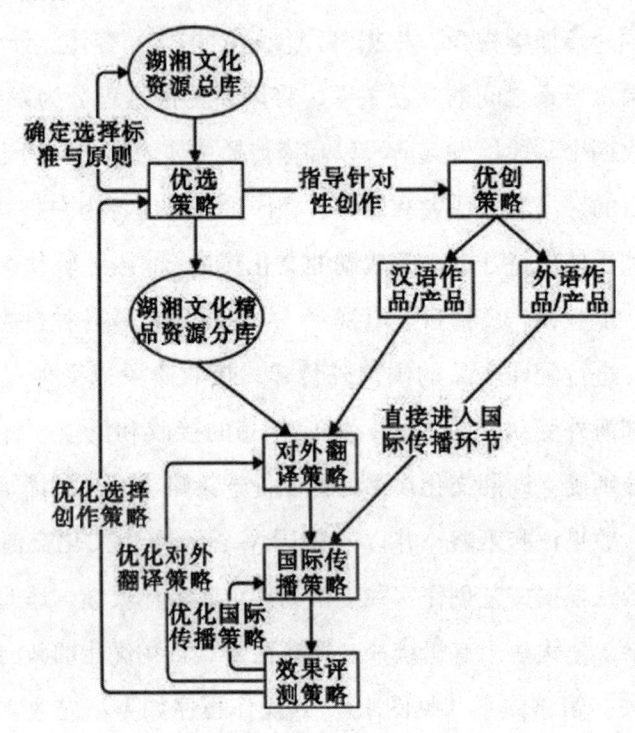

**图1 新时代湖湘文化"走出去"策略体系**

## 二、湖湘文化作品的优选优创策略

湖湘文化作为中华文化的重要组成部分，先后孕育了屈原、贾谊、周敦颐、王夫之、曾国藩、左宗棠、魏源、黄兴、毛泽东等一大批杰出的思想家、政治家、哲学家、文学家和革命家，形成了传承创新、相对稳定、特色鲜明的一种区域文化。面对浩如烟海的湖湘文化，需要厘清源头、摸清家底、系统整理、择优翻译传播。十九大报告提出的"引导人们树立正确的历史观、民族观、国家观、文化观"①是湖湘文化作品优选优创的总体指导原则，据此可确定优选优创标准：优秀、精华、特色。所谓"优秀"，是指作品反映以"经世致用""实事求是""百折不挠""兼收并蓄""敢为人先"著称的湖湘文化精神；所谓"精华"，主要是指湖湘文化中包含的哲学、经济、文学、法治、道德和军事等一系列思想精髓，"精品之所以'精'，就在于其思想精深、艺术精湛、制作精良"②；所谓"特色"，是指三湘大地有别于其他区域的独特生存发展方式，以及对德智体美劳等积极向上的个性化追求，具体包含：以理学的道德精神与经世致用的实事实功相结合的哲学思想，"文道合一"的文学艺术思想，经史并重、说古也是为了道今的史学思想，重视学思并重与知行统一的教育思想③。简言之，湖湘文化作品的优选优创标准是体现湖湘精神、蕴藏湖湘智慧、具有湖湘特色。

1. 湖湘文化作品的优选策略

优选策略是指对丰富多彩的湖湘文化资源进行优中选优，确定最适合当下翻译传播的文化作品，这是湖湘文化"走出去"中的一项重要前期工作，也是打造马栏山文化品牌的关键所在。湖湘文化作品的优选策略包括以下四个方面：（1）打造文化输出精品工程。首先确立湖湘文化的精神内核，创建湖湘文化资源总库，再运用"把关人"理论进行优选，创建湖湘文化精品资源分库，有计划、有步骤、有针对性地进行翻译传播。（2）兼顾传统与当代、特色与全面。按照"把继承优秀传统文化又弘扬时代精神、立足本国又面向世界的当代中国文化创新成

---

① 《党的十九大报告辅导读本》编写组.党的十九大报告辅导读本［Z］.北京：人民出版社，2017.
② 中共中央文献研究室.习近平总书记重要讲话文章选编［Z］.北京：中央文献出版社/党建读物出版社，2016.
③ 刘旭主编.湖湘文化概论［Z］.长沙：湖南出版社，2000.

果传播出去"① 的总体要求，既翻译传播具有悠久历史的湖湘传统文化，又推出富有地域特色、体现时代精神的湖湘革命文化和社会主义先进文化。（3）采取差异化路径。在优选湖湘文化资源时，需要注意内外有别、外外有别②，广泛听取海外受体的意见，采取针对不同国家/区域、不同人群的文化作品优选策略。（4）提升优选主体能力。文化资源优选涉及政府、机构和个人三个层面：政府是文化翻译传播的组织者，优选能力主要包括方向导引、宏观调控和整体把握；机构包括企事业单位、社会团体、教育机构、科研院所和媒介组织等，将政府的文化优选能力落实为具体行动，负责局部的组织、管理与协调；个人是翻译传播的实施者，其文化优选能力主要包括政治素养、文化素养、知识结构和赏鉴能力等。

2. 湖湘文化作品的优创策略

优创指基于湖湘文化资源库创造出反映历史意义和当代价值的文化精品，包括三层含义：对湖湘文化资源总库中的作品用汉语改写改编，用汉语创作新作品，直接用外语创作新作品。十九大报告提出的"创造性转化、创新性发展"③ 是新时代科学对待中华优秀传统文化、发展中国特色社会主义文化的战略方针，也是湖湘文化作品优创的重要指针。优创策略主要包括四个方面：（1）提升创作能力。与作品的优选一样，优创也涉及政府、机构、个人三个层面，提升创作主体的能力相应地体现在这三个层面：政府应具有对文化资源进行宏观把握、配置和

---

① 中共中央宣传部. 习近平总书记系列重要讲话读本（2016年版）[Z]. 北京：学习出版社/人民出版社，2016.
② 孙宜学. 中华文化国际传播战略：二十个关键问题 [N]. 环球时报，2017-11-24.
③ 《党的十九大报告辅导读本》编写组. 党的十九大报告辅导读本 [Z]. 北京：人民出版社，2017.

调控的能力,以及对创作进行方向引领、组织和管理的能力;机构应具备贯彻政府意志、提倡创作新风和培养创作人员的能力;个人应具有符合新时代需要的原创和再创能力,原创是指用汉语或外语写作,再创是指基于某一现存文艺形式用汉语或外语进行改写改编。(2)丰富创作形态。要实现湖湘传统文化作品当代价值的最大化,就需要做到原本及其改编本在当代传播中齐头并进,需要描绘中华民族伟大复兴进程中具有浓厚地域特色的湖湘经典作品。用外语创作不同于翻译,不是依赖某一现存文本,而是基于湖湘文化的某一事件或现象,针对海外受体直接用外语写作。除了传统的文艺作品,还可创作动漫游戏、影视节目、短视频、网络文学以及适应新媒体、自媒体的多模态作品。(3)优化创作模式。推进湖湘文化翻译传播,应充分发挥海外一切力量,如汉学家、华人华侨、知华友华人士等,尝试"以我为主、中外结合"的创作模式,也可采取"经济搭台、文化唱戏"的操作模式,既能挖掘湖湘文化的精髓,又能满足海外读者需求、实现最佳传播效果,同时促进文化建设与经济、社会发展的良性互动。(4)提高创作质量。这不仅关涉创作主体的能力和创作模式,也与传播效果的反馈相关,应在不断改进创作模式的基础上提高创作质量。

### 三、湖湘文化作品的对外翻译策略

新时代适逢全球化、信息化、网络化和大数据,面对百年未有之大变局,中国开始由"引进来"转向"走出去",提出"一带一路"倡议和人类命运共同体构想,需要向世界讲好中国故事、推进国际传播。包括湖湘文化在内的中华文化的翻译传播一度以海外译入为主,实际需求激励对内与对外的翻译传播平分秋色,应该坚持"以我为主、兼容并蓄"的指导原则:在我国政治、经济、生产、经贸、文化、科技和军事等各领域坚持以我方主译，积极邀请和鼓励外方参与，形成本国/本土译者+外国译者的"理想译者"组合模式。

1. 对外翻译核心要素的优先规划序列

就行为而言，中华文化对外翻译（简称"外译"）包含九个核心要素，关涉何时、何人、因何、以何工具、用何策略、将何对象、向何地、何人进行翻译传播、以达何效的复杂过程。当下的文化外译面临投资多、数量多、接受少、收效少等窘境，亟需针对文化输出供给侧问题进行战略规划。较大规模的湖湘文化外译尚处于起步阶段，需要整合各种资源，通盘思考文化外译行为各要素的优先规划序列问题，全面考察译者行为与译内相关要素之间的动态博弈以及与翻译传播诸要素之间的互动，为湖湘文化外译探索新路径、选择新模式、制定新规划。为了追求湖湘文化外译质量的最大化、效果的最优化，首先需要对湖南的"五位一体"总体布局、"四个全面"战略布局、"三高四新"建设进行顶层设计，其次需要根据湖湘文化外译的实际需求，分别制定涉及译者、客体、受体、时空、工具、策略/方法等方面的优先战略规划。

2. 对外翻译主辅相融的策略

文化外译客体按照所在领域，其优先规划序列大致为：生活艺术>经济贸易>工程技术>自然科学>人文科学>社会科学；文化外译层次按照由低到高、由外向内，其优先规划序列为：物质文化>精神文化>制度文化[1]。文化外译工具与策略的优先规划构成湖湘文化外译的硬件与软件，工具主要是指：（1）技术，包括数字技术、网络技术、多媒体技术、实时传输技术[2]，以及新媒体和自媒体技术、人工智能技术等；

---

[1] 黄忠廉、杨荣广、刘毅."中国文化+互联网"外译客体优先规划论［J］.中国俄语教学，2016（4）.

[2] 郭庆光.传播学教程（第二版）［M］.北京：中国人民大学出版社，2011.

(2）载体，如文字、声频、视频和图像等；（3）渠道，包括口头、文字、报刊、广播和影视等；（4）不同语言。技术优先战略规划序列为：机器—云翻译>移动—语音翻译>外包翻译>众包翻译①；载体优先战略规划序列为：声像文/声图文>图文/声文/像文>声/像/图/文[8]。就文化外译的策略优先规划序列而言，首先讨论全译与变译，其次关注全译之下的七种方法及其组合规律、变译策略之下的八大手段和十二种方法及其组合规律。全译策略优先规划序列通常为：直译>意译（语言层面），异化>归化（文化层面）；人工智能时代的外译操作策略优先规划序列为：人机互动全译>人机互动变译>人工变译>人工全译②。就国家/区域的需求而言，既需要瞄准欧美发达国家，让湖湘文化"走上去"，又需要对接"一带一路"建设，瞄准发展中国家，让湖湘文化"走下去"。就当下的经济主旋律而言，文化外译需求的优先战略规划序列为：经济需求>"一带一路"建设需求>政治需求，这也同时决定了外译语种的优先规划序列大致为：英>法>西>俄>阿>德>日>朝……

## 四、湖湘文化作品的国际传播策略

要实现湖湘文化作品真正"走出去"，必须在传输阶段下功夫，有针对性地提升翻译传播效果。通过抽样调查、深度采访、案例分析、态势分析（即 SWOT 分析）等方法，深入了解不同国家/区域中不同层次和类型的受体对湖湘文化的真正需求，选取湖湘文化中传统典籍和当代精品的新闻出版、影视传媒、动漫游戏和演艺娱乐等，分析受体对样本

---

① 黄忠廉、杨荣广、刘毅."中国文化外译+互联网"工具及策略优先规划论［J］.翻译界，2017（2）.
② 黄忠廉、杨荣广、刘毅."中国文化外译+互联网"工具及策略优先规划论［J］.翻译界，2017（2）.

的了解和接受程度。通过孔子学院和海外华文教育机构,对世界各地的华人华裔、汉学家、精英人群、普通大众、来华经商或留学人员进行问卷和采访,利用大数据挖掘进行舆情分析,根据不同领域的传播客体和受体,确定相应的传播策略。

1. "出版湘军"的国际传播策略

"出版湘军"走出去既是产业发展的必然要求,更是服务国家全面深化改革、扩大对外开放重大决策部署、提升湖湘文化国际影响力的战略需要。这是一项复杂的跨文化传播行为,离不开政府、企业、市场三方面的配合与切实有效的策略运用。(1)政府要坚持政策引导:加大政策支持力度,做好翻译出版的顶层设计和长远规划,营造"出版湘军"的良好国际传播环境。(2)出版企业要努力成为国际传播主体:作为具有传播力、感召力、公信力的国家级新型出版企业,中南出版传媒集团股份有限公司需要坚守出版主业,着力将自身培育成外向型文化企业,勇于到境外开拓市场,发挥引领作用,形成各种所有制文化企业积极参与的国际传播格局。(3)市场必须发挥作用:进一步发挥市场在国际传播中的积极作用,利用"中国V谷"的孵化器平台,走内涵式、多元化的出版模式,创新出版内容和形式,如推出电子书的发行与销售,提升"湘军"出版物的国际传播竞争力。(4)注重提质增效:充分调动国内外各界资源,不以外译数量为当下的主要追求目标,突出创作和翻译作品的质量,追求长期的传播效果。

2. "广电湘军"的国际传播策略

广播电影电视作为信息交流和文化传播的重要载体,在讲好中国故事、传播好中国声音中发挥重要作用。"广电湘军"提高国际传播力的重要任务,是思考如何贴近湖南乃至全国发展的实际,如何贴近国外受对具有湖湘特色的广电作品的需求,如何贴近国外受体的思维与收视习惯，这也是打造马栏山视频文创产业的核心内容。在意识形态上必须坚持党的领导这一根本原则，在产业属性上要坚持"项目为王""内容为王""精品至上"等理念①。借助大数据统计、对比分析和案例分析等方法，分析"广电湘军"与国内外广电机构的优势和特色，如马栏山产业园与好莱坞电影巨头、横店影城的比较，构建以下四个策略：（1）以传播窗口建设为龙头，提高广电领域的对外传播艺术，构建对外宣传的新格局。（2）以"广电湘军"驻外站点的建设为基础，提高海外采编能力，抢占中国/湖南声音的制高点。（3）推进"中国V谷"建设，吸引国内外媒体入园，抢占新媒体、自媒体市场。（4）搭建国际视频发稿平台，成为满足国际需求的信息供应者。

3. "动漫游戏湘军"的国际传播策略

动漫作为一种特殊的视觉文化，其中的图、文、声、像能够轻松地跨越国家和民族的语言文字文化障碍，而且能够潜移默化地直达人的心灵，影响受体的思维模式和价值观，成为湖湘文化国际传播的另一个理想载体。湖南动漫产业的快速发展，必然要拓宽国际市场，扩大传播空间，向国外观众展现湖湘文化的魅力，积极有效地构建湖湘形象乃至中国形象。游戏汇集了文学、影视、音乐等诸多文化形式的特点，具有强大的文化承载能力②，"游戏湘军"年会为推动共建湖南文化娱乐梦工厂做出了很大努力，也是湖湘文化国际传播的理想载体。在游戏的国际传播过程中，应该注意遵循国际惯例、尊重版权、尊重本土文化，建立全球性的研发、发行和运营的"一条龙"，提高了解和运用海外市场的

---

① 湖南省新闻出版广电局．在激烈的文化竞争中杀出一条血路［N］．湖南日报，2018-8-23．
② 郑娜．当游戏扛起"走出去"大旗（墙内看花）［N］．人民日报（海外版），2017-4-13．

能力以及全球协同创新能力。除了将中国技术传播到全世界，还可以引进国外的优秀技术，将其融入湖湘文化并进行升级改造，再推向全球。通过数据统计和比较分析，研究动漫和游戏的版权输出和海外传播，提出"动漫游戏湘军"拓展海外市场的相应对策。

4."网络湘军"的国际传播策略

要有效推动湖湘文化的国际传播，必须充分发挥互联网的巨大作用。湖南是全国12个互联网发达地区之一，"微信之父"张小龙、58同城创始人姚劲波、陌陌创始人唐岩等众多互联网领军人物都是湘籍，因而赢得"网络湘军"的美誉。湖南要进行跨越式发展，必须以掌握意识形态工作领导权为指针，深入研究湖湘文化的数字化国际传播策略，具体包括：（1）政府引导，加强顶层设计，打造一批有国际影响力的网络媒体。（2）通过新媒体、自媒体和人工智能等技术实现数据挖掘，又好又快地推出湖湘文化作品。（3）借助大数据分析，通过"态势感知"方法对文化传播议题快速做出响应，制定多元化的传播渠道。（4）采用本土化战略，注重多元文化背景，发挥马栏山视频文创产业园作为"全国媒体融合新地标"的新使命，贴近受体所在国家/区域的文化环境，实现湖湘文化的针对性、切实性和有效性传播。

## 五、湖湘文化作品翻译传播的效果评测策略

借鉴传播学中"传播效果"概念的双重含义——说服性传播和影响性传播[1]，既可对湖湘文化作品的翻译传播效果进行微观过程的具体分析，也可进行宏观过程的综合考察，因此效果评测策略既可针对具体阶段策略运用的具体效果，也可针对综合过程产生的综合效果。

---

[1] 郭庆光. 传播学教程（第二版）[M]. 北京：中国人民大学出版社，2011.

1. 针对优选优创策略运用的评测策略

评测优选优创策略运用的具体效果，先对单个作品进行主客观评价，对于诸多文化作品，通过在线调查、借助大数据进行批量统计与分析，从个别到一般、由点到面地进行优选优创策略的评价与优化。

评测某个作品是否属于文化精品，可借助李克特量表（Likert Scale）进行问卷调查，邀请专家学者和普通读者作出评价选择，再通过统计分析，进行相对公正和客观的判断。评测某个作品是否兼顾传统与现代、特色与全面，可邀请国外受体进行主客观评价，了解该作品是否帮助他们"真正认识一个全面、真实、立体的中国"。评价某作品是否经过了差异化筛选：对国内受体进行问卷调查和对话访谈，判断所选作品是否做到了"内外有别"；对不同国家/区域的不同受体进行问卷调查和对话访谈，判断所选作品是否做到了"外外有别"。评价选择者是否具备或提高筛选能力：既可对某位选择者进行历时考察，判断其在不同时期选择的作品是否适合不同国家/区域的受体，也可对一批选择者进行共时考察，判断他们在同一时期选择的作品针对同一国家/区域的受体是否存在差异，从而判定其筛选能力的高低。在对某部作品进行综合评价之后，可对选择者的策略运用和筛选能力进行公正和客观的评价，然后基于市场调研、受体反馈、大数据统计和舆情分析，进行优选优创策略的调整和优化。

2. 针对对外翻译策略运用的评测策略

评测湖湘文化作品对外翻译策略运用的具体效果，最终落实在译本质量和传播效果。通过建立湖湘文化国际传播数据库，借鉴翻译策略/质量评价模式或参数体系，如：国外的文本论辩原则下的参数体系[1]、

---

[1] Joanna Drugan. *Quality in Professional Translation: Assessment and Improvement* [M]. London/New York: Bloomsbury, 2013.

翻译职业视域下的评估模式①、语篇类型原则下的参数体系②、功能—语用原则下的参数体系③，以及等值论、标准论、功能论、关联论等理论模式，建立湖湘文化对外翻译策略运用的评测策略与体系，对翻译策略中的优先规划序列和对外翻译策略逐一进行评价。再根据汉学家、华人华侨和普通受体的反馈，调整和完善现有的优先规划序列和相应策略。

3. 针对综合传播效果的评测策略

鉴于每一个具体的翻译传播过程都是由主体、客体、译者、媒介、受体等要素构成的，每个要素都对效果产生重要影响，因此判断湖湘文化是否真正"走出去"、有效"走进去"，需要对综合传播效果进行评测。可充分利用亚马逊、Goodreads 等图书网站上真实的读者评价，拓展接受研究的研究范围和思路，建立一套行之有效的评价指标体系。借鉴通用的传播学评价指标，尝试建立湖湘文化翻译传播的效果评测策略：包括 3 个一级指标（品牌力、影响力、互动力）、8 个二级指标（媒介知名度、内容集成度、技术创新度、受体满意度、整体覆盖率、实际到达率、平台活跃度、受体活跃度）、17 个三级指标（发行量/收视率/收听率、信息来源、信息数量、信息质量、栏目设置、个性化服务、用户评价、现有用户数、现有粉丝数、使用率、活跃用户数、日平均互动量、人均互动量、社交平台转发次数、社交平台评论次数、好友推荐次数、主动收藏次数），并利用 yaahp 层次分析法软件进行数据处

---

① Juliane House. *Translation Quality Assessment: Past and Present* [M]. London/New York: Routledge, 2015.
② Katharina Reiss. *Translation Criticism—The Potentials and Limitations* [M]. Trans. by Erroll F. Rhodes. London/New York: Routledge, 2014.
③ Malcolm Williams. *Translation Quality Assessment: An Argumentation-Centred Approach* [M]. Ottawa: University of Ottawa Press, 2004.

理，最终得出相应的指标权重，分别考察湖南的出版、广播影视、动漫游戏和互联网文化等领域国际传播策略的运用效果，进行相应修改和完善，确立湖湘文化翻译传播效果评测的优化机制。

## 六、结语

为推进湖湘文化"走出去"，可基于翻译传播学视域下的翻译传播过程理论，对湖湘文化的翻译传播过程分为发起、翻译、输送和接收四个阶段，采用针对性的优选优创策略、对外翻译策略、国际传播策略和效果评测策略。针对前三种策略运用的评测策略与优化都旨在推动湖湘文化真正"走出去"、有效"走进去"，前一策略是后一策略的前提和基础，后一策略是前一策略的发展和延续，形成环环相扣、层层递进的逻辑体系。对外翻译策略既呼应优选优创策略，更注重与国际传播策略的紧密联系：对外翻译的直接目的是进行国际传播，国际传播是否成功有效，依赖于翻译策略的运用效果、译作质量和行之有效的传播策略，而译作质量除了检验策略运用恰当与否之外，还可检验策略运用的效果。湖南的出版、广电、动漫游戏和网络文化等不同领域的国际传播策略依赖于作品创作、选择和翻译的策略运用及其效果。以"中国V谷"为文化交流基地和国际传播平台，通过国外的市场调研、受体反馈、数据统计与分析，确立湖湘文化翻译传播的效果评测策略，对翻译传播过程进行具体和综合的效果测评，进而调整和完善前三个阶段的策略，最终建构一个有机统一、循环往复、自我优化的湖湘文化"走出去"策略体系。